COMUNICACIÓN POLÍTICA, HOY

Encuentros, tensiones y rupturas

Silvina R. Morelli

UGERMAN EDITOR
Ciencia & Técnica
Desde 1969 junto al libro

Morelli, Silvina R.

Comunicación política, hoy : encuentros, tensiones y rupturas / Silvina R. Morelli. - 1a ed. - Ciudad Autónoma de Buenos Aires : Ugerman Editor, 2020.

Libro digital, DOCX - (Comunicación y cultura)

Archivo Digital: descarga y online

1. Comunicación Política. I. Título.
CDD 302.2

Fecha de catalogación: 07/02/20

Diseño de tapa: DG. Pablo Ugerman - www.ugrdesign.com.ar
Armado y diseño interior: Lorena Blanco - lorenamsblanco@gmail.com
Corrección: Úrsula Andes - ursulaandes@gmail.com
Coordinación editorial: Mirtha Bareiro

© 2020, by UGERMAN EDITOR
Ituzaingó 1151 - PB. Oficina 8
(1272) Capital Federal
Buenos Aires - Argentina
Telefax (011) 4362 - 2107
www. ugermaneditor.com.ar
jcugerman@yahoo.com.ar
info@ugermaneditor.com.ar
skype: ugermaneditor

Hecho el depósito que marca la ley 11.723

IMPRESO EN ARGENTINA
PRINTED IN ARGENTINA

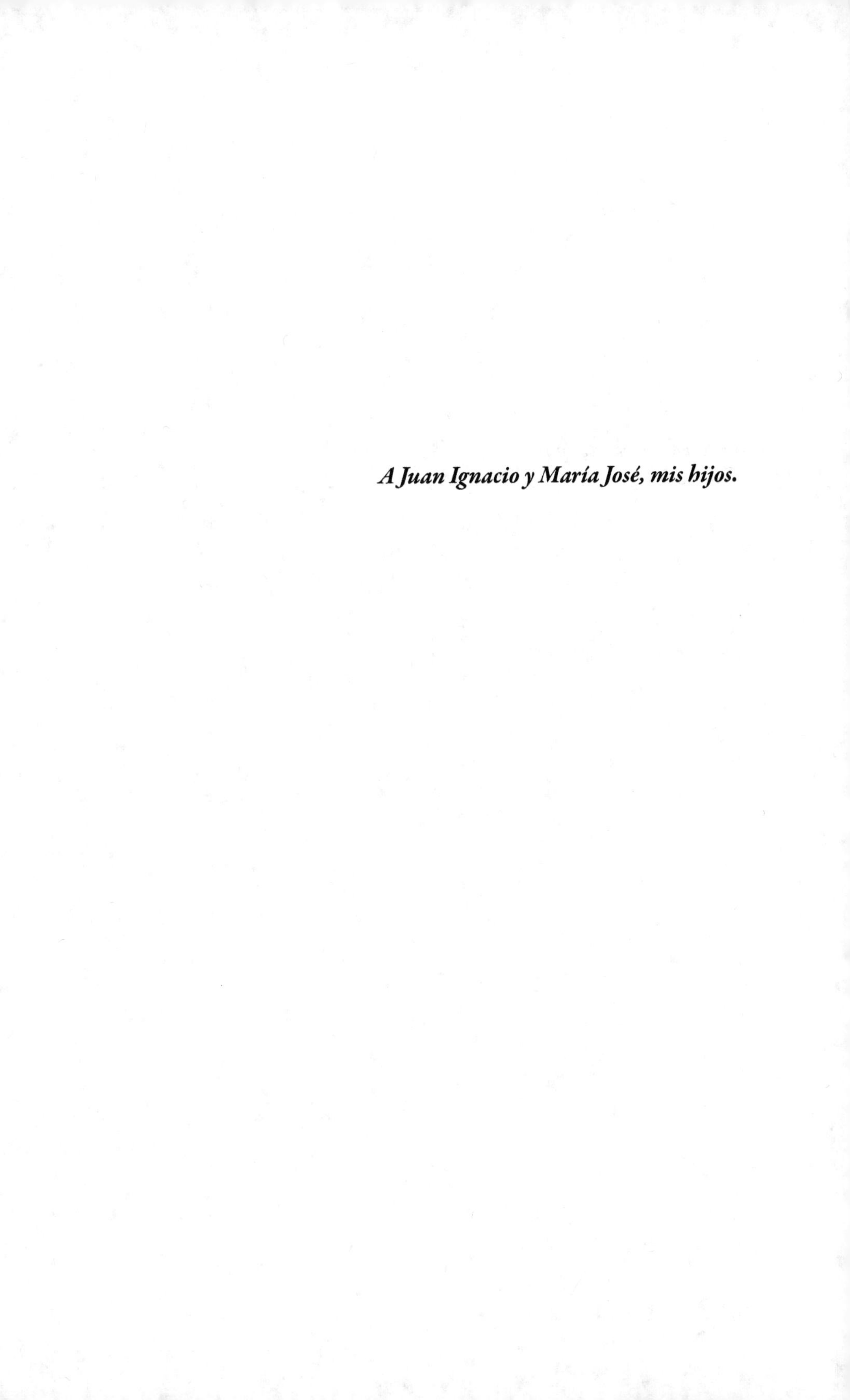

A Juan Ignacio y María José, mis hijos.

Si puedes soñarlo, puedes hacerlo.
Walt Disney

Índice

Hoja de vida

Nació en la Ciudad Autónoma de Buenos Aires el 20 de noviembre de 1967, vivió 31 años en San Fernando y, hasta el momento, reside en el barrio de Villa del Parque, CABA. Es mamá de Juan Ignacio y de María José.

Se graduó de licenciada en Ciencias de la Comunicación Social, con orientación en Políticas y Planificación, en la Facultad de Ciencias Sociales de la Universidad de Buenos Aires. Realizó diversas formaciones, entre las que se destacan Tecnologías de Género, Comunicación y Crisis, Gobierno Abierto, Sociedades Digitales y Gestión de la Calidad Total en Servicios Públicos. Es diplomada en Tecnopolítica y Campañas Electorales por la UMET; Coach Ontológico Profesional (acreditada en la Asociación Argentina de Coaching Ontológico Profesional, certificada con avales de la AACOP y la Federación Internacional de Coaching Ontológico Profesional); tiene formación en Programación Neurolingüística (con avales de la Asociation for Neurolinguistic Programing y la Red Latinoamericana de PNL).

Escribió y publicó el libro *Gestión, Política y Comunicación: Buenas prácticas en la implementación de proyectos municipales* en 2017, a través de Ugerman Editor.

Es investigadora en el GIC «Comunicación y Oratoria», que dirige Abel Vera Hidalgo en la Facultad de Ciencias Sociales de la Universidad de Buenos Aires. Está a cargo de la materia Elementos del Desarrollo Local de la Tecnicatura en Política, Gestión y Comunicación en la Universidad

Nacional de Avellaneda. Es titular de los cursos de formación profesional para graduados Tecnopolítica y Comunicación y Comunicación Estratégica en el Ámbito Municipal en la Facultad de Ciencias Sociales de la Universidad de Buenos Aires. Ejerció como profesora de enseñanza media de Filosofía y de Literatura entre 2013 y 2015. Es capacitadora en materia de comunicación estratégica, tecnopolítica y comunicación política en distintas organizaciones, entre las que se destaca la Universidad Nacional del Comahue, en donde realizó una capacitación en junio de 2019.

Lideró proyectos de gestión de la comunicación en diversos municipios de la provincia de Buenos Aires, en la administración pública nacional y en el ámbito privado. Ganó varios premios en materia de Comunicación Digital y Gobierno Electrónico entre 2007 y 2012. Asesoró a actores políticos de diversos distritos de la provincia de Buenos Aires, CABA y Neuquén.

Actualmente, se desempeña como docente universitaria, investigadora, comunicóloga y coach ontológico profesional con programación neurolingüística, capacitadora, asesora y consultora de política y de gestión.

Prólogo

Este es mi segundo libro. En el anterior, *Gestión, Política y Comunicación* (2017), dibujé un triángulo cuyos vértices —la política, la gestión y la comunicación— fueron presentados y analizados a la luz de lo que considero cuatro buenas prácticas en la implementación de proyectos de gestión municipal.

A este nuevo trabajo lo escribí en 2019 luego de terminar una investigación y tras entregar mi tesina para certificarme como coach ontológico profesional —producciones que incluyo en estas líneas—. A diferencia del anterior, si bien retrata experiencias de las que fui testigo y parte, este libro no incluye nombres propios.

Mi vida personal está marcada por la política. Aún tengo muy presentes las peñas y guitarreadas de puertas y ventanas selladas, el olor a empanadas y la parrilla urgente, la imborrable visita de los militares en mi casa, las conversaciones que tenía prohibido repetir fuera del hogar y las discusiones de una grieta familiar tan grande como sus protagonistas. Crecí en una familia de políticos. Escuché marchas con combinaciones diversas de sonidos, dueñas de patios decorados con banderines multicolor y donde la palabra compromiso fue el significante que dominó el sobrevuelo de la mesa de los domingos y los días de fiesta.

Comencemos con la familia de mi madre. Mi bisabuelo materno fue corresponsal, en Misiones, del diario *La Prensa*, periodista y escritor muy destacado: Vicente Basterra Zubiaurre, vasco-francés, anarquista, amigo de escritores muy importantes como Alfonsina Storni y Gabriela Mistral. Mi abuelo materno, Héctor de Ávila Cunha, dirigente de la Unión Cívica Radical, amigo de Ricardo Balbín e intendente electo de San José, un importante pueblo agrícola-ganadero del interior de la provincia de Misiones. Mi abuela materna se llamaba Blanca Basterra Vignoles. Fue una mujer resistente, docente, actriz, representante de la Unesco e integrante del primer equipo de alfabetización de sectores vulnerables en Buenos Aires, donde, entre otras cosas, trabajó con el cura Carlos Mugica, en la Villa 31. Ella fue una de «las mujeres de Evita» y de más está decir que cada vez que se reunía con Eva Perón afrontaba una discusión con mi abuelo que hacía tronar las paredes. Por parte de mi padre, mi abuelo paterno, Humberto Morelli, fue un peronista muy comprometido del sindicato de los vitivinícolas, ya que trabajó décadas y décadas en las Bodegas Giol, estuvo con Perón en varias oportunidades y como se imaginarán estuvo preso en el 55. Daniel Morelli, mi papá, también era peronista. Fue un militante perseguido. Mi padre fue un sobreviviente de la última dictadura, un hombre que no soportó lo inenarrable, y un día se fue.

Quienes me lean se imaginarán la cantidad de políticos y politiqueros que conocí en estas cinco maravillosas décadas de vida. He visto de todo y más. Y si bien hay muchos nombres, apodos y apellidos sobre los que podría emitir juicios diversos, si de nombres propios se trata, me planto en el cuento familiar, el que me marcó a fuego.

Me gradué de licenciada en Ciencias de la Comunicación en la Universidad de Buenos Aires discutiendo con mi viejo la probabilidad de éxito en la apropiación de los medios de producción. Mis fortalezas profesionales las adquirí en el ámbito público haciendo gestión, siendo asesora de políticos, haciendo campañas políticas, ofreciendo charlas y capacitaciones y dando clase, entre otras cosas. Algunas de esas experiencias fueron mejores que otras, aunque todas fueron importantes. Siempre se aprende, se desaprende y se reaprende. Agradezco cada una de las oportunidades.

Como puede leerse en mi hoja de vida, doy clase y capacito sobre desarrollo local, gestión, comunicación, tecnopolítica, política, Estado y otras yerbas en UNDAV, UBA y donde me llamen, puesto que considero fundamental compartir mis experiencias.

Hace unos años, ingresé en el estudio y la investigación alrededor del coaching ontológico y la PNL. Esto me dio la posibilidad de romper algunas estructuras de pensamiento que venía arrastrando de allá lejos y hace tiempo. Hoy incorporo, también, los enfoques de estas disciplinas que, a mi criterio, ya deberían recorrer la bibliografía de consulta del ámbito de las ciencias sociales en general y de la formación en política y comunicación en particular.

Agradezco a mi familia: a su grieta, que me enseñó la importancia de respetar las diferencias, y a su amorosidad. A los distintos espacios académicos que me acogieron: a los que transité y a los que hoy habito. También doy las gracias a las y los dirigentes políticos que recibieron las ideas que hoy recorren estas páginas con una escucha atenta y un total respeto. También a aquellos que no me escucharon y que no me comprendieron. Agradezco al editor por la confianza que depositó en mí al proponerme la escritura de este libro. Y un especial agradecimiento a mis retoños, ese par que me sostiene y me acompaña siempre, en todo momento: mis hijos, a quienes dedico este libro.

Mi «siendo» le da vida a este nuevo trabajo. Un libro que puede pensarse como un conjunto de ensayos que muestran los lados más y menos amables de la comunicación política —una tarea difícil, sobre todo para una mujer que, en un movimiento circular sin pausa, aprende, sabe, desaprende, reaprende y vuelve a saber—. Una obra que puede pensarse como una suerte de manual para ganar tiempo en vez de perderlo, para invertir con éxito en lugar de despilfarrar dinero, para comunicar la política con honestidad y profesionalismo.

Este libro no es un libro de política. Es un libro de comunicación. Este libro es un libro de comunicación política. Este libro es un libro para colegas. Este libro es un libro para políticos y para funcionarios. Este libro es un libro para docentes e investigadores. Este libro es un libro para cualquier persona que tenga motivaciones e intereses hacia los temas que aborda. Si hay una idea que lo recorre es la que sostiene: no es lo que decís, es lo que haces —a la cual agrego: también es cómo lo decís y cómo lo hacés—. Este libro habla de esto.

Introducción

Se hace camino al andar.
Antonio Machado

Muchos políticos y funcionarios me preguntaron por qué comunican «tan mal» —así lo calificaron—. Mi respuesta siempre fue sencilla: no comunican de manera estratégica. Los municipios, por ejemplo, suelen darle la misma importancia y tratamiento a cuestiones de la agenda cotidiana que a temas que son de gran relevancia para los vecinos, con el agravante de que lo hacen del mismo modo en todos los espacios —no tienen presente ni el *target* de cada hecho comunicable, ni el discurso, ni la estética, ni el formato, ni la importancia del transmedia *storytelling*[1]—.

Luego viene la segunda pregunta —y, a veces, la propuesta laboral— vinculada a cómo abordar un plan de comunicación política y estratégica. Nunca tengo la respuesta inmediata. Más bien tengo preguntas, preguntas poderosas, preguntas que traen otras preguntas, preguntas incómodas, preguntas que prefieren no responder, preguntas, preguntas y más preguntas.

---

1 La narrativa transmedia es un relato cuya historia puede verse en diferentes medios y redes. Sea cual sea la narrativa que usemos, sabremos que habla de lo mismo, aunque sus formatos se adapten a las características de los medios y plataformas y a las características de sus públicos objetivo.

Puesto que cada persona es esa y no otra, cada organización es la que es y cada época es única e irrepetible, no es posible ofrecer la respuesta. No hay recetas. Hay ingredientes esenciales. Hay otros que son complementarios. Hay modos de hacer. Hay mentores. Hay guías. Ahora sí, lo que cambia son los condimentos. Estos siempre son diferentes.

En este libro repito una y otra vez la importancia que reviste la definición de un objetivo y evaluar la mejor manera de alcanzarlo sin dejar nada librado al azar. Se trata de trabajar el diseño de un plan de comunicación enmarcado en una estrategia general. Y esa estrategia es política. Tal tarea incluye un diagnóstico y la planificación de... de todo. Es la única manera de desarrollar un trabajo serio, profesional, ordenado y prolijo, en una realidad que es turbulenta, efímera, líquida.

He visto a candidatos y a funcionarios definir un plan de gobierno junto a sus equipos técnicos, detrás de un escritorio. También vi planificaciones en las que la ciudadanía tuvo más o menos protagonismo. He visto estas dos modalidades: la evaluación de diagnósticos reales para construir futuro o bien de suposiciones y deseos que eran ajenos a las expectativas y necesidades ciudadanas.

La construcción de consensos para planificar un programa de gobierno será más compleja a medida que subamos de nivel de Estado (municipio, provincia, nación). La elección de las dinámicas y herramientas de participación dependerán de cada uno de esos niveles y de la decisión política de incorporar la visión ciudadana. Ejemplos de planificación participativa hay (con mayor o menor compromiso para la cogestión) y, desde ya, siempre es aconsejable, puesto que pone por delante un trabajo diagnóstico que es producido en territorio, junto con los distintos sectores sociales comprometidos con su futuro. Cierto funcionario municipal una vez me consultó sobre esta modalidad de producción de diagnóstico y planificación, haciendo hincapié en sus dificultades. Desde ya que no es un camino fácil. Sin embargo, los resultados de su implementación son incomparables a la hora de analizar la realidad y plantear un programa de gobierno sobre el que vamos a gestionar. Por supuesto que puede elegirse la planificación sin participación, para lo cual sugiero partir de un diagnóstico construido mediante herramientas que indaguen sobre las expectativas, intereses y necesidades de la ciudadanía y, recién entonces, pensar una estrategia electoral o institucional.

Si nos centramos en una campaña política, en principio diremos que cualquier candidato debe legitimar su candidatura, y que para cumplir con tal cuestión tendrá que definir y fortalecer sus propios atributos. Tanto para quienes renueven sus puestos expresando continuidad como para los que se presentan por primera vez, esta tarea es crucial y no podrán evadirla.

El trabajo de investigación nos dará información para definir hacia dónde orientamos la construcción del perfil de nuestro candidato, del relato, de su oratoria y presentación, de los mensajes, de la estética, de los medios y de las mediaciones. En suma, el éxito de la campaña dependerá de cómo incorporemos a nuestro plan de comunicación el mapa que dibujemos a través de la demoscopia. Asimismo, será de un valor importantísimo comprender la importancia de movernos siempre dentro de nuestro marco —esto es, no meternos en el de los opositores—.

Coincido con Alfonso Pérez (2014) en que la posibilidad de recepción de nuestros mensajes es de entre tres y diez segundos, por lo cual si con ellos no sorprendemos ni nos miran, si no seducimos, nos cancelan y, si no convencemos, nos olvidan. Lo cito:

> *«La comunicación humana es emocional, por lo que es fundamental para el diseño de cualquier mensaje que tenga un contenido 80% emocional y 20% cognitivo (...) lo fundamental a la hora de construir un mensaje es, a manera de judoka, utilizar la fuerza de preconceptos que tenga nuestro público y ser sorpresivo, romper el eje de la horizontalidad, cuando le rompemos este esquema a nuestro segmento logramos provocar que nos vea. El reto es romper con los mensajes ya vistos, con lo ya utilizado que resulta tan predecible para la población. ¿Qué encanto y atractivo puede tener hacer las mismas campañas políticas de hace décadas, utilizando los mismos vehículos de información como mantos, dípticos, trípticos y los utilitarios? Ninguno»* (p. 100).

A lo largo del libro, abordaremos en varias oportunidades la idea de que la gente vota a los candidatos con los que se identifica, elige a los candidatos que le gustan, se decide por los que llaman su atención y, sobre todo, no se olvidan quiénes son los que mueven sus emociones.

Lo que presento brevemente en estas líneas introductorias va señalando la importancia capital que adquiere el trabajo de comunicación, una tarea que no se limita a lo que mostremos en los medios masivos de un candidato, sino que incluye la producción del discurso y su oratoria, su apariencia, la empatía que genere con los electores y las cuestiones vinculadas con la comunicación corporal y la proxemia, entre muchas otras cosas que abordaremos a lo largo de este trabajo, en los siguientes capítulos.

Los lectores van a poder apreciar desde el inicio una perspectiva teórica que rompe definitivamente con el paradigma informacional de la comunicación para adscribir de lleno a un modelo relacional que la entiende como un proceso social permanente —un todo integrado en varios niveles—. De este modo, la comunicación es un sistema de canales múltiples donde los actores sociales participan en todo momento, lo deseen o no. Como integrantes de una cultura, los sujetos sociales toman parte de la comunicación tal como un músico lo hace en una orquesta. Es importante destacar que en esta metáfora musical no hay director ni partitura, salvo que la elabore un especialista con múltiples y complejos recursos de composición.

En términos electorales, se trata de reflexionar acerca de cómo elaboramos una partitura que produzca sentido en los electores de manera tal que, a la hora de elegir a un candidato, opten por el que nosotros proponemos. En esta tarea, lo más difícil no es componer la partitura, sino interpretarla, es decir, crear la armonía entre el plan de trabajo, el político y su entorno. Hay excepciones. Pocas. Pero las hay.

Invito a los lectores a recorrer estas líneas en la forma que deseen, puesto que los capítulos no tienen correlatividad temática, sino que pueden leerse como ensayos individuales con abordajes particulares que pueden relacionarse —o no— con el resto.

El primero de ellos centra su atención en la importancia del trabajo de investigación, con la convicción de que si bien el mapa no es el territorio, es una representación que debemos construir como paso previo a la planificación de una comunicación que esté en sintonía fina con aquello que esperan los electores/ciudadanos.

Estudiar el ecosistema actual y sus habitantes facilita la comprensión de los medios y las mediaciones asociadas a ellos en la actualidad. Si además entendemos que el sentido se constituye y circula en los discursos sociales, identificaremos los cruces entre prácticas sociales, actores, creencias e ideas. Es sobre esta base conceptual donde nos apoyamos para pensar el posicionamiento identitario de un actor político (sea una persona o una institución).

Por su parte, el capítulo tres habla de la multidisciplinariedad del trabajo de comunicación política para planificar el perfil de un candidato y andar el camino de la vida política con coherencia entre lo que se dice, lo que se hace, cómo se dice y cómo se hace.

«Tecnopolítica y comunicación» va a centrarse en la comunicación digital y en cómo lograr un posicionamiento estratégico en una nube que se encuentra en diálogo permanente con la comunicación territorial.

Para profundizar cuestiones vinculadas con las redes sociales —en particular Whatsapp— y su relación con la empatía, el capítulo cinco incluye *Conversaciones enredadas*, una investigación que realicé como integrante del GIC «Comunicación y Oratoria» de la Facultad de Ciencias Sociales de la Universidad de Buenos Aires —a cargo del colega Abel Vera Hidalgo—.

El capítulo seis tiene como base la tesis que presenté para mi certificación como Coach Ontológico Profesional, en la escuela de Elba Seldes Consultores. En ella, abordo el concepto de posverdad ubicándolo en un escenario de cambio y tecnopolítica en el que crece una amplia y multidisciplinaria agenda pública abocada a producir, consumir, observar y analizar las denominadas *fake news*.

Por último, el episodio final intenta unir todo el recorrido en una síntesis que condensa aquello que no debemos descuidar a la hora de hacer comunicación estratégica, política o institucional.

CAPÍTULO 1
EL MAPA NO ES EL TERRITORIO

Mi nombre es Sherlock Holmes y mi negocio
es saber lo que otras personas no saben.
Sir Arthur Conan Doyle

Aunque venía garabateándolo desde hacía un par de decenas de días, la escritura formal de este libro comenzó durante el fin de semana en el que se desarrollaron las elecciones Primarias Abiertas Simultáneas y Obligatorias[1] (PASO), celebradas el 11 de agosto de 2019 en la Argentina.

No tenía previsto empezar hablando sobre encuestas, pero la coyuntura tironeó el timón y me recordó que no es la primera vez ni el único país donde los números obtenidos por la fuerza mayoritaria distan mucho de las predicciones de la demoscopia. Ya en 2015, en la Argentina, tanto el resultado de las elecciones generales como el de la segunda vuelta fueron sorpresivos; y podemos mencionar algunos otros ejemplos, como el caso de Donald Trump y su inesperado triunfo en Estados Unidos, AMLO en México con sus veinte puntos por encima de lo que predecían los estudios,

---

1 «Primarias» porque es la primera etapa de la elección en la que cada partido político puede tener distintos precandidatos a un mismo cargo (en todas las categorías, en algunas o presentar lista única). «Abiertas» porque los electores pueden decidir sus candidatos sin estar afiliados al partido político o frente electoral que vota. «Simultáneas» porque se realizan el mismo día para todos los partidos. Y «obligatorias» porque los ciudadanos están obligados a votar. Información disponible en https://www.argentina.gob.ar/justiciacerca/VotoenlasPASO (Recuperada el 12/08/2019).

o el Brasil de Jair Bolsonaro, que sacó un 46 % cuando las encuestas daban entre un 22 % y un 36 % de intención de voto.

Volvamos al 2019 y repasemos los cuatro primeros lugares de las fórmulas presidenciales resultantes en las elecciones primarias de nuestro país —según datos recuperados el 12 de agosto, en el sitio web[2] dispuesto por el Ministerio del Interior de la Nación—: el Frente de Todos (Alberto Fernández, presidente, y Cristina Fernández, vicepresidenta) obtuvo un 47,65 %; Juntos por el Cambio (Mauricio Macri, presidente, y Miguel Pichetto, vicepresidente) con un 32,08 %; Consenso Federal (Roberto Lavagna, presidente, y Juan Urtubey, vicepresidente) logró un 8,22 %; y en cuarto lugar, el Frente de Izquierda (Nicolás del Caño, presidente, y Romina del Plá, vicepresidente) con un 2,86 %. Ahora veamos los logros obtenidos por las dos fuerzas mayoritarias en la categoría para gobernador/vicegobernador de la provincia de Buenos Aires: Frente de Todos (Axel Kicillof y Verónica Magario), un 49,34 %; Juntos por el Cambio (María Eugenia Vidal y Daniel Salvador), un 32,56 %.

Lo cierto es que los resultados electorales de primer término fueron una gran sorpresa. Si bien se esperaba que ganaría el Frente de Todos[3] en el orden nacional, el porcentaje logrado fue impensado en términos de demoscopia. Las encuestas y los sondeos de opinión antes de la veda electoral pre PASO, oscilaban entre un tres y un siete por ciento a favor de este frente opositor e incluso algunas consultoras desconfiaban un porcentaje aún menor a esos tres puntos. Por su parte, la provincia de Buenos Aires tampoco avizoraba el resultado logrado por este mismo frente político en las figuras de Axel Kicillof y Verónica Magario, en virtud de la gran diferencia que logró dicha fórmula por sobre la entonces gobernadora María Eugenia Vidal.

En sintonía con lo que vengo diciendo, el periódico *Infobae* informaba que las principales encuestadoras del país estuvieron muy lejos de los resultados que arrojaron las urnas. Veamos la revisión que nos aporta en su edición[4] del lunes 12 de agosto sobre encuestas difundidas durante las últimas semanas centrándonos solo en las presidenciales: Management & Fit daba un 41,2 % para el Frente de Todos y un 39,2 % para Juntos por el Cambio; Giacobbe, un 40 % para el Frente de Todos y un 38,5 % para Juntos por el Cambio; Federico González (el más cercano a la realidad) daba un 44,8 % al Frente de Todos y un 36,9 % para Juntos por el Cambio; Aragón, un 42,2 % para el Frente de

---

2   Información disponible en https://www.argentina.gob.ar/interior/dine/elecciones2019 (Recuperada el 12/08/2019).

3   Un frente de unidad que suma peronistas tradicionales, kirchneristas, radicales y amplios sectores de la izquierda y el progresismo tradicional.

4   Disponible en https://www.infobae.com/politica/2019/08/12/otra-vez-la-mayoria-de-las-encuestas-estuvieron-lejos-de-los-resultados-oficiales/ (Recuperado el 12/08/2019).

Todos y un 35,9 % para Juntos por el Cambio; Elypsis entregaba un 37 % para el Frente de Todos y un 38 % para Juntos por el Cambio.

Si comparamos estos porcentajes con los resultados electorales de las Primarias Abiertas Simultáneas y Obligatorias, hay una diferencia que supera el margen de error de cualquier medición. En algunos casos más, en otros menos. No vamos a profundizar sobre las causas de tal cuestión, ya que este trabajo no busca indagar las razones por las cuales los resultados electorales de las primarias de 2019 en la Argentina se distancian de los arrojados por las encuestas de intención de voto previas a la elección. Sin embargo, creo que un número importante de indecisos pudo haber definido su voto el mismo día de las elecciones y/o que muchos encuestados no fueron sinceros a la hora de informar sobre su intención de voto.

Si bien la demoscopia es importante porque es orientativa para la gestión de acciones y de microacciones, antes y durante una campaña electoral, esto no significa que sus herramientas sean portadoras de una verdad absoluta respecto de los resultados —como quieren imponer muchos formadores de opinión y operadores políticos mediáticos, en los días previos a las elecciones—.

En este punto, es importante señalar que una encuesta es una suerte de fotografía y, como tal, es portadora de información sesgada por la muestra, las variables, el análisis de los datos y las características que priorizan los informes, entre otras cosas.

DEMOSCOPIA DE AYER Y HOY

De lo anterior se desprende la idea de que la demoscopia, con sus variadas herramientas y perspectivas metodológicas, ofrece distintos mapas y, como tales, no son el territorio que representan.

Que el mapa no es el territorio es una idea que Gregory Bateson toma prestada de Alfred Korzybski, quien durante la Primera Guerra Mundial se cayó con su tropa en un pozo que no estaba en el mapa que tenía en su poder. Aunque luego discuta esta idea, Claudio Eiriz (2010) explica: «(...) un mapa no es un territorio, en la misma medida en que una palabra no es el objeto que representa». Por su parte, la Programación Neurolingüística (PNL) mantiene esta afirmación como presuposición básica, puesto que entiende que las personas responden a su mapa de la realidad y no a la realidad misma —algo que, desde ya, yo comparto—.

Habiendo aclarado qué entendemos por mapa y qué por territorio, y aun comprendiendo que el primero ofrece una descripción filtrada, insistiré una y otra vez acerca de la importancia del trabajo de investigación para pensar un plan de comunicación estratégica en general y política en particular. Porque aunque filtrada, esa «foto» es altamente viable para trabajar en comunicación. De este modo, antes de delinear una estrategia electoral y su respectivo plan de comunicación, siempre es necesario realizar un diagnóstico que facilite el trabajo de establecer a quién y cómo vamos a hablarle, sobre qué ejes temáticos, a través de qué medios y por medio de qué soportes y formatos comunicacionales.

Partimos de pensar que la gente —no toda, claro está— no elige a tal o a cual candidato por una ideología afín, sino que lo hace por aquel que representa mejor sus marcos de referencia. Esta es la razón principal por la cual muchos especialistas en comunicación decimos que para diseñar una campaña política debemos comenzar indagando cuáles son las preferencias, expectativas y necesidades de los votantes. ¿Por qué? Porque es necesario empatizar con ellos, presentándoles propuestas que estén en sintonía con tales preferencias, tales expectativas y tales necesidades ciudadanas.

Alfredo Dávalos López (2014) sostiene:

> *«Toda campaña política es un evento de comunicación que termina por convertirse en un concurso de popularidad, es por eso que se vuelve fundamental entender que el 90% de las decisiones humanas son emocionales, aunque justificadas por la razón»* *(p. 33)*.

La elección de esta cita no es casual: comparto su contenido, puesto que entiendo que lo central es convencer a los votantes llegando a su corazón, con mensajes estratégicos y que los electores estén esperando.

Si los votantes elijen a nuestro candidato y asumimos el gobierno, la comunicación estará en el centro de la escena, conformando una tríada inseparable con la política y la gestión. Veamos un ejemplo: si un candidato a intendente triunfa en las elecciones y asume la gestión de un gobierno municipal, no dejará de lado el contenido de la campaña política, sino que será necesario diseñar e implementar un plan estratégico de comunicación social integral y en sintonía con los compromisos políticos que el intendente tomó en la campaña, por los cuales lo votaron y que una vez elegido toman la forma de objetivos institucionales. Por eso es tan importante la estrategia de campaña y su comunicación. Una vez que el candidato gana, nada concluye. Con su asunción, todo comienza, aunque ese inicio es un renacer en el camino que ya se transitó para ganar.

Durante la campaña, el equipo de comunicación deberá gestionar sus acciones atento a los resultados de la demoscopia en materia de preferencias, preocupaciones, expectativas y necesidades del electorado. Este trabajo será realizado por especialistas que ejecutarán la comunicación alrededor de no más de tres ejes que integran la estrategia general de esa campaña. En consecuencia —y esto es algo que no todos los actores políticos comprenden y que trae grandes discusiones y dolores de cabeza—, la política y la comunicación no pueden ser jamás un conjunto de cosas que desean los políticos porque les gusta, sino que tomará aquellas cuestiones que empaticen con los electores y que conocemos por la demoscopia —aunque no le gusten al candidato—. Por ejemplo, en una ciudad con serios problemas de tránsito, no sirve de nada proponer como solución un moderno estacionamiento a la vera de un río cuando en la investigación surge como dato que la comunidad desea una playa para el descanso, el deporte y la recreación.

Hasta aquí acordamos que la investigación y el análisis de los resultados recogidos comportan el primer paso para el diseño estratégico de un programa de comunicación política. Ese diagnóstico inicial no concluye en ese momento, puesto que algunas herramientas de sondeo seguirán en proceso, con el objetivo de monitorear la ejecución de la campaña sosteniéndola o corrigiéndola si fuera necesario.

Tras la celebración de elecciones, si el candidato fuera electo, también es importante que la investigación continúe, puesto que habrá que monitorear la ejecución del programa de gobierno y realizar las correcciones que sean necesarias en términos de satisfacción ciudadana. Volviendo al ejemplo de un jefe comunal, no nos olvidemos que su gestión implementará el proyecto político que lo llevó al triunfo y si una vez en el poder continúa utilizando herramientas de consulta y participación, actualizará su programa de gobierno en función de los logros y de las nuevas necesidades que surjan en esa relación dialógica que establece con la ciudadanía a través de las herramientas de investigación.

LA VERDADERA *BIG DATA*

En la actualidad, conviven dos tipos de demoscopia: la tradicional y la moderna.

A muy grandes rasgos, diremos que la demoscopia tradicional incluye la investigación cuantitativa que nos permite acopiar datos y convertirlos en números (encuestas de distinto tipo, por ejemplo), y la investigación cualitativa, que interpreta datos recogidos mediante entrevistas, grupos focales y pequeños cuestionarios de satisfacción en actividades territoriales, entre otras herramientas. Por su parte, la demoscopia moderna incorpora diversas tecnologías a las herramientas de recolección de datos.

Para tener un mapa de la realidad lo más completo posible, lo ideal es utilizar todas las opciones que ofrecen las dos modalidades y que condensamos en los cuadros 1 y 2. De este modo, tendremos a mano un gran volumen de datos —que yo llamo la verdadera *big data*— con información sistematizada y legible que será de gran utilidad a la hora de realizar un diagnóstico que nos permita definir el rumbo de la campaña y su plan de comunicación.

Las variables básicas que no deberíamos dejar de relevar son: geolocalización; edad (pensada en generaciones digitales); género; preocupaciones ciudadanas; nivel de educación alcanzado; referentes públicos con los que se identifica; políticos con los que simpatiza; conversaciones y valoración de los adversarios; consumos culturales; intereses y gustos; emociones; participación ciudadana; y todo lo que cada territorio habilite investigar.

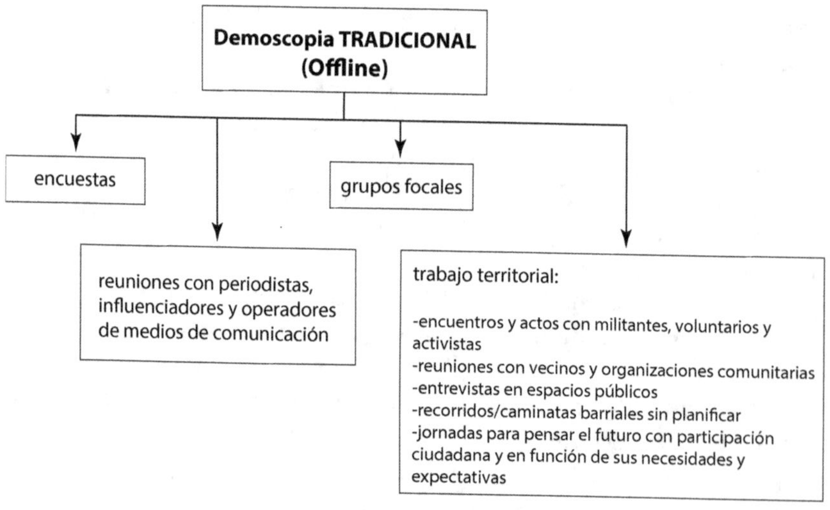

Cuadro 1: La verdadera *big data*.

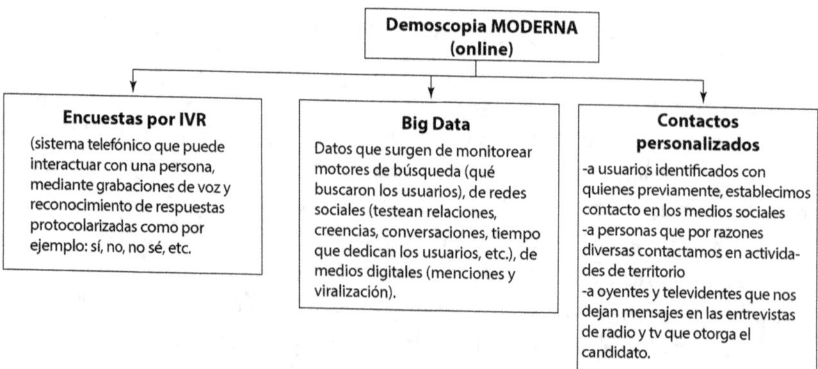

Cuadro 2: La verdadera *big data*.

LOS DATOS, LA POLÍTICA Y LA COMUNICACIÓN

Para comprender la relación entre los datos, la política y la comunicación es interesante pensar esta verdadera *big data* mirando algunos hitos, desde principios de siglo xx hasta la actualidad. Puesto que son áreas que abrevan en su desarrollo, este juego supone un ejercicio multidisciplinario que incluye a la historia, los estudios culturales y el análisis de los comportamientos ciudadanos, entre otras disciplinas.

Ante todo, y no es un dato menor, los políticos siempre vieron en la prensa una herramienta —o bien muy potable, o bien amenazante— para su posicionamiento ante la opinión pública. Los medios masivos son el espacio de representación más sobresaliente de las cuestiones de agenda, puesto que sus debates incluyen temas políticos y de gestión sobre los cuales la opinión pública forma sus propios juicios. Esto fue lo que comprendió el entonces presidente de los Estados Unidos en 1907, cuando dispuso de una sala de prensa en la Casa Blanca para periodistas acreditados que vieron con mucho agrado la comodidad dispensada, algo que fue muy utilizado a favor de los dos mandatos de Theodore Roosvelt y que fue emulado por decenas de gobiernos presidenciales del mundo.

Las primeras décadas del siglo xx vieron surgir la radio como un medio de comunicación de gran poder. Si bien no desplazó a la prensa escrita, incorporó al mundo de la información y el entretenimiento mediático a una gran cantidad de personas que no sabían leer ni escribir. Churchill y Roosevelt en Estados Unidos, Hitler en Alemania y Juan D. Perón en la Argentina vieron en la radio una forma masiva de comunicación con los electores. No vamos a adentrarnos en esto, aunque al decir de la historia argentina señalaremos que la política y los medios masivos de comunicación en nuestro país tuvieron y tienen una relación estrecha: ya sea de amor o de odio, la política atraviesa el desarrollo de la comunicación mediática nacional.

Uno de los hitos más sobresalientes de la historia de los medios de comunicación masiva se relaciona con la radio y data de 1938, cuando el entonces joven actor Orson Welles (1915-1985) dramatizó, en formato de noticiero radial, un tramo de *La guerra de los mundos*, la novela de ciencia ficción escrita por Herbert Georges Wells (1866-1946), y cuyo eje temático es un ataque marciano a la Tierra. Welles utilizó recursos del radioteatro[5] para transmitir un episodio unitario de ficción que los oyentes

---

5   Contenido radiofónico ficcional cuyo éxito depende de la calidad actoral en la interpretación vocal, de la trama argumentativa, de la música y de los efectos sonoros que deben provocar una envoltura tal que facilite a los oyentes imaginar la obra.

tomaron como noticia real y, aunque en varias ocasiones los oyentes fueron alertados de que se trataba de un programa especial por la víspera de Halloween, los medios de época cuentan que hubo pánico en las calles de Nueva York y de Nueva Jersey, y en las oficinas de policía, en tanto que los diarios no paraban de atender llamadas de oyentes aterrorizados. Se dice también que todo este relato fue una exageración de los medios de comunicación. Haya sido cierto o haya sido una *fake news*[6] de época, el hecho demostró el grado de credibilidad y el gran poder de los medios radiales.

Más acá en el tiempo, el mundo asistió al primer debate televisivo. Visto por 70 millones de personas, el contrapunto fue protagonizado por los entonces candidatos presidenciales John F. Kennedy y Richard Nixon. Dicen los registros de época que hay un antes y un después en la política a partir de tal evento del 26 de septiembre de 1960. Kennedy aparecía saludable —aunque estaba enfermo, luego se supo— y muy bien asesorado en materia de vestuario, discurso y gestualidad. Entretanto, a Nixon se lo veía molesto, desarreglado y parecía enfermo —no lo estaba—. Por esas contrapuestas imágenes de los candidatos, se dice que lo que ocurrió en ese debate contribuyó decisivamente a que Kennedy se convirtiera en el primer mandatario de los Estados Unidos. Asimismo, todo parece indicar que Nixon no perdió porque las propuestas de su oponente fuesen mejores, sino por los rasgos que proyectó en términos identitarios a través de la pantalla televisiva.

La cuestión señalada a partir del debate puede explicarse por el hecho de que por esos años los medios de comunicación masiva comenzaron a satisfacer las demandas de un público cada vez menos reflexivo, más emocional, menos racional y más interesado en el entretenimiento. En este sentido, pensemos que la información en términos de materia prima para la ciudadanía corresponsable no fue una mercancía de gran valor hasta el advenimiento de los medios sociales[7].

Si de medios sociales se trata, su fuerte y especial vinculación con la política hay que buscarla inicialmente en la campaña de Barak Obama[8], de 2008. Este candidato rompió con el paradigma informacional de la comunicación para dar lugar a una mirada de la comunicación más dialógica y relacional, manifestada en la apertura de sus espacios de internet a la participación de los electores —algo que, hasta ese momento, lo distinguió de todo lo conocido—.

---

6 Hablaremos de estas noticias falsas de contenido emocional más adelante.

7 Plataformas de comunicación en línea donde los prosumidores crean, consumen e intercambian contenidos informativos y sociales.

8 Barack Hussein Obama fue el 44.º presidente de los Estados Unidos de América entre el 20 de enero de 2009 y el 20 de enero de 2017. Anteriormente, había sido senador por el estado de Illinois, cargo al que renunció en 2008.

La ruptura con la forma tradicional de comunicación convirtió a Barak Obama en un candidato que conquistó el corazón de los electores, ya que les dio la voz, aunque sin abandonar las acciones territoriales, y la presencia en los medios masivos clásicos. Su campaña mantuvo en un diálogo permanente al mundo online y al mundo offline con productos comunicacionales, mensajes y eventos adecuados a cada uno de ellos, además de incorporar novedosas propuestas de gamificación que tuvieron gran repercusión entre los electores y elevaron la participación electoral.

Los hitos señalados no fueron seleccionados caprichosamente. Se trata de eventos disruptivos en la historia de la comunicación social de los últimos ciento veinte años que determinaron cambios flagrantes en varios pares de relaciones: empresas y consumidores; organizaciones/gobierno y ciudadanos; y políticos y electores, entre otras. Esto es así porque cuando hablamos de comunicación nos referimos a los vínculos, nexos, ligazón, enlaces, etc., con los otros, con las cosas y con el mundo, en tanto que cuando nos centramos en el estudio de los medios de comunicación, abordamos una lista interminable de cuestiones que integran la cultura de la humanidad, es decir, registros icónicos, música, disciplinas artísticas, tradición oral, folletines, periódicos, radio, teléfono, televisión, juegos, conversaciones, redes sociales y decenas y decenas de cosas más.

La globalización no es un proceso novedoso, aunque es innegable que en las últimas décadas trajo aparejado un gran crecimiento del acceso a las tecnologías de la información y la comunicación. Desde la aparición de las redes sociales, nada volvió a ser como antes y, en este sentido, la política no es la excepción. Este devenir no tiene precedentes en materia de libertad de expresión y esto es algo que a más de un político le quita el sueño. Las plataformas en internet hoy aparecen como espacios aptos para la participación y el intercambio —algo que los usuarios, en las figuras de electores, ciudadanos y consumidores, entendieron y utilizan para producir y reproducir sentido—.

Mi experiencia indica que en el ámbito político y de gobierno las redes sociales no solo son sobreestimadas en su función, sino que están gestionadas como si fueran espacios de publicidad. Suelen aparecer como el principal producto comunicacional de una organización o figura política y enmarcadas en el modelo informacional de la comunicación donde A le habla a B y no espera nada de él. Tampoco se las utiliza incorporando la lógica de una narrativa transmedia que las enlace entre sí y con los medios tradicionales para llegar a todo el electorado y como ya mencionamos, los contenidos no aparecen adaptados a los diferentes formatos digitales que, entre otras cosas, como la mirada estética o el discurso, tienen en cuenta la microsegmentación.

Las redes sociales son tan solo una parte de un tipo muy específico de comunicación —la digital— y como tal tiene lógicas, lenguajes y discursos propios y diferenciados para cada una de ellas, lo cual las hace muy vulnerables en materia de contenidos. Como un avance, diremos que su relevancia hay que buscarla en la escucha social, es decir, qué datos nos traen de los electores y que haremos con ellos. Coincido con Mario Riorda (2017) cuando dice:

> *«La cuestión es más o menos así: escucha, poca; interacción, nada (o casi nada). La interacción, tanto de alcaldes como de alcaldías, con la ciudadanía es menor al 10%. En América Latina, nueve de cada diez mensajes de los ciudadanos no son correspondidos con una respuesta. Analizando la actividad de la totalidad de los gobernadores argentinos en Twitter, por ejemplo, la interacción de cualquiera de ellos con sus ciudadanos a lo largo de un mes (abril de 2016) fue de 0%. Este dato, sin duda, resulta impactante»* (p. 90).

George Lakoff (2004) plantea que si los políticos quieren enaltecer sus acciones y ganar las elecciones, lo más efectivo sería construir un capital humano para el futuro, contratando intelectuales que sean capaces de difundir su visión de mundo. En esta línea, considero que aquellos políticos, gobiernos y organizaciones de cualquier tipo que decidan tener presencia en las redes sociales tienen que pensar que es necesario contratar expertos, puesto que son quienes entienden el verdadero valor social de la comunicación y, dentro de ella, del mundo digital. No he visto médicos que levanten edificios ni ingenieros que hagan operaciones traumatológicas, por tanto, no veo la razón por la cual alguien sin formación específica en comunicación pueda asumir la estrategia comunicacional de una campaña electoral, política o institucional.

Las siguientes preguntas atraviesan el dominio de acción de la comunicación política: ¿sobre qué metáfora trabajaremos los atributos de identidad? ¿Cuál/es será/n el/los eslogan/es principal y secundarios? ¿Sobre qué base edificaremos el discurso general de la campaña? ¿En qué dominios realizaremos el trabajo de coaching, de oratoria y de asesoramiento de imagen? ¿Cuáles serán los mensajes que ofreceremos a los electores en distintos soportes y formatos comunicacionales, derivados de la microsegmentación de *targets* trazados según los resultados de la demoscopia? Resulta evidente que un improvisado —aun con muy buenas intenciones— no estaría en condiciones de responder estas preguntas y actuar en consecuencia.

En tiempos de entrecruzamientos de saberes y prácticas, los políticos también tendrán que contratar especialistas en demoscopia, teniendo en cuenta que la investigación inicial dará los datos necesarios para trazar los ejes sobre los cuales versará la campaña electoral y su comunicación. Asimismo, los resultados de la investigación cuantitativa y cualitativa (online y offline, en ambos casos) deben entenderse como un conjunto de datos que habrá que sistematizar, cruzar y analizar en el marco de una toma de decisiones oportuna y atinada. La inversión nos ayudará a indagar e identificar quiénes son los electores que debemos convencer para ganar las elecciones, dónde están, y qué esperan del candidato. En tanto, si logramos el triunfo, será el puntapié para gestionar el programa de gobierno y aceitar la tríada entre gestión, política y comunicación con un plan de trabajo estratégico que esté en sintonía con las necesidades y expectativas de los ciudadanos.

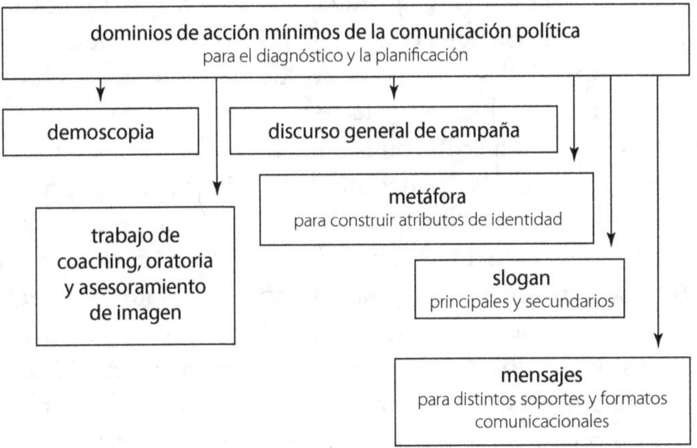

Cuadro 3: Dominios de acción de la comunicación política.

Cuadro 4: Preguntar, preguntar y preguntar.

MENOS PROPUESTAS, MÁS EMOCIÓN

La política es ese dominio en el que probamos cómo la capacidad de acción de los juegos del poder transita junto a la emocionalidad como una dimensión constitutiva conjunta.

Si un candidato se posiciona como oferta para el universo político y desea que lo voten, habrá que intervenir en estos dominios que —como venimos diciendo— no pueden ser abordados de cualquier modo ni por cualquier persona.

Desde la ontología del lenguaje, Rafael Echeverría (2015) sostiene que la «seducción» conforma una competencia ontológica que puede adquirir diferentes modalidades con el objetivo de atraer al otro en función de qué oferta es para y en el mundo electoral. Siguiendo en la línea de este autor, diremos que de acuerdo con la emocionalidad en la que se encuentre el político, serán mayores o menores sus posibilidades, puesto que esta tiende a definir las acciones que pueda emprender. En consecuencia, será necesario trabajar las emociones del político a lo largo de toda la campaña —no solo para transmitir emocionalidad en sus propuestas y equilibrio emocional de su persona, sino para contenerlo en todo momento—.

Si bien nos ocupamos de este tema más adelante, diremos, por ahora, que la comunicación política es menos propuestas interminables y más emoción en los relatos. Menos es más. Menos relatos, más emociones. Y, en este sentido, si solo recordamos lo que nos hace sentir[9], la comunicación política será realmente efectiva si toca las emociones lo cual no quiere decir que no exista un proyecto político innovador sino que hablamos de la manera en la que el político lo presentará y se presentará-.

Por último, y relacionado con lo que venimos diciendo, diremos que una campaña política produce efectos de creencia sobre los electores respecto del candidato y su promesa. Entendamos de una buena vez que un político no vende nada, no es un producto del marketing envuelto con un moño rojo. Emociones y creencias son las fibras sobre las que debemos trabajar. Y, en este sentido, sabemos por Robert Dilts (2003) que las creencias influyen sobre nuestra interpretación de la realidad conectando la experiencia con los sistemas de valores:

> *«(...) el modo en que una situación, una actividad o una idea encaje (o no) con las creencias y los sistemas de valores de un individuo o grupo de individuos, determinará cómo serán éstas recibidas e incorporadas» (p. 130).*

---

9   Extraigo esta idea de la escritora y activista Maya Angelou, para quien la gente olvida lo que dijiste o hiciste, pero nunca cómo la hiciste sentir.

No avanzaré más en este capítulo sobre cuestiones que iré abordando más adelante. Para finalizarlo, invito a los lectores a reflexionar acerca del siguiente fragmento de un artículo[10] publicado por Daniel Eskibel[11] y que a mi criterio sintetiza algunas cuestiones que venimos diciendo:

> *«Vivimos en tiempos turbulentos pero a pesar de todo los ejes de la estrategia política siguen girando en torno a los mismos asuntos: Definir cuáles son los segmentos de público a los que tu campaña se va a dirigir. Detectar los problemas de las personas de cada uno de esos segmentos. Estudiar a tu adversario para enfrentarlo mejor. Elaborar el mensaje a comunicar. Determinar las vías a través de las cuales llegarás a tus públicos. Organizar tu estrategia tanto en el territorio geográfico como en el territorio digital. Definir cuáles serán tus recursos humanos y tus recursos materiales. Evaluar sistemáticamente el impacto de tu campaña. (...) estos ejes deben tener en cuenta (...) el contexto político, social y cultural en el que se desarrollan las acciones (...) en el cual la comunicación política está como siempre inmersa en la batalla política general y en la batalla por controlar o por lo menos influir sobre la agenda temática (...) donde (...) se debate entre fake news, rumores y redes sociales clandestinas (...) donde el consumo de información se hace cada vez más veloz, más fragmentario y más superficial».*

---

10 Disponible en https://maquiaveloyfreud.com/nueva-agenda-comunicacion-politica/#more-644863 (recuperada el 27/8/2019).

11 Psicólogo, consultor político y escritor. Es fundador de Maquiavelo & Freud —una referencia en psicología política—. Integra la Asociación Latinoamericana de Consultores Políticos (ALACOP), la American Association of Political Consultants (AAPC, USA), la International Society of Political Psychology (ISPP) y la Asociación de Comunicación Política (ACOP) de España.

CAPÍTULO 2
ESCENARIOS Y PROTAGONISTAS DEL ECOSISTEMA ACTUAL

Todo está en un proceso de permanente devenir.
Rafael Echeverría

Vivimos en tiempos de mucha irritabilidad donde pareciera que pensar diferente no enriquece, sino que divide. Detrás de este «pareciera» se esconde una ilusión: la de un mundo feliz sin conflictos, la de una utopía fundada en la negación de una lucha que, a mi criterio, es insalvable. Algunas ideas son más dominantes que otras en un antagonismo donde operan posiciones de clase y modelos de pensamiento. La idea de «tirar todos para un mismo lado» que se escucha desde distintos espacios políticos en la actual Argentina— no deja de ser una consigna electoralista, una frase políticamente correcta para un puñado de ingenuidades que pueden creer que algo así es posible en una nación. Los antagonismos son tan viejos como la comunicación: no hay vínculo que no manifieste conflicto. La complejidad tiene que darse en la diversidad, donde los matices son necesarios y enriquecen la construcción democrática —si no, viviríamos inmersos en peligrosos modelos de pensamiento único—.

También andamos apurados, en un estado de urgencia permanente. Y hacemos, hacemos, hacemos lo que sea para ocupar ese tiempo acelerado. Como en una suerte de adivinación futurista, Gustave Flaubert decía algo así como que el alma siempre está hambrienta y hay que atiborrarla para que no nos embista. *La educación sentimental* (1869)[1] de hoy describiría tiempos signados por cambios tecnológicos constantes que le dan obsolescencia, mañana, a lo que hoy celebramos como novedoso.

Vivimos las consecuencias de cuestiones que venían preparándose y macerándose desde hace décadas y décadas atrás, algo que advirtió premonitoriamente Gilles Lipovetsky[2]. El autor de los ensayos sobre el individualismo contemporáneo ya advertía una ola de desinversión por la cual las instituciones, los valores y las finalidades de épocas pasadas, comenzaban a verse vaciadas de sustancia. Lo llamó era del vacío, la del «(...) individualismo hedonista y personalizado» (p. 9).

El desarrollo de las tecnologías de la información y la comunicación fue el condimento ideal para la profundización de un modelo que conecta soledades y donde se desdibuja lo relacional en presencia para dar paso a un aumento exponencial de contactos virtuales, cuya comunicación está mediatizada por la pantalla —el nuevo boliche donde quienes están solos pueden encontrarse—. En este «mismo lodo»[3], quienes no se sumen a las modernas formas de interacción social quedarán fuera de lo que denomino cibersemiosis (la semiosis[4] que se constituye en internet).

En el entramado social —del cual no quedan afuera los intercambios que se establecen en los medios sociales—, lo discursivo es ese espacio en el que circula el sentido, es decir, la instancia donde se entrelazan lo imaginario, las prácticas sociales y las ideologías. Esto es decisivo y nodal para la vida política. Por ende, para la comunicación política.

Por su parte —como ya señalamos y lo volveremos a hacer más de una vez—, entendemos que la comunicación no debe pensarse como un acto consciente, volitivo, solamente verbal y unidireccional, y es por ello que en este trabajo reafirmamos la idea de que no es posible dejar de comunicarse nunca[5]. De este modo, debe ser abordada como un proceso social en el que

---

1 Novela del citado escritor, Gustave Flaubert, que describe los campos social, cultural, educativo y político, en tiempos posteriores a la revolución de 1848 y a la fundación del segundo imperio francés. Se cree que la historia retoma la vida real del autor.

2 Nacido en 1944, este filósofo y sociólogo francés estudia y analiza la sociedad posmoderna centrándose en cuestiones como el narcisismo, el consumismo, el hiperindividualismo, la cultura de masas, el consumo a la carta, el culto al cuerpo, el ocio y la cultura como mercancía y el ecologismo como postura de lo políticamente correcto, entre otras cosas.

3 Hace alusión al tango *Cambalache* de Enrique Santos Discépolo.

4 Entendemos por semiosis a los procesos de producción de sentido en donde se construye la realidad de lo social. Parafraseando a Eliseo Verón (1987), afirmamos que toda producción de sentido es social, en tanto todo fenómeno social es un proceso de producción de sentido —este doble anclaje del sentido en lo social y de lo social en el sentido se devela cuando consideramos la producción de sentido como discursiva—.

5 En el capítulo que se ocupa de las conversaciones en red, los lectores verán ampliados estos conceptos vinculados con la comunicación y el marco conceptual en el que este libro se ubica.

conviven comportamientos múltiples y diversos de quienes comparten entramados culturales.

Remitiendo a los aportes de la «universidad invisible»[6], analizar la comunicación será indagar en los comportamientos significativos de la cultura que sobresalen en ella y que nos permiten concebirla como social. Si la comunicación es producción simbólica y adquirió un gran valor social, gestionarla será centrarse en los dispositivos que conforman los discursos sociales y que producen efectos sobre los sujetos.

La perspectiva elegida para intervenir lo comunicacional incorpora aportes epistemológicos multidisciplinarios: sociología, psicología, semiótica y demoscopia, entre otras ciencias de la comunicación. Como escribí hace un par de años en mi ya mencionado trabajo *Gestión, Política y Comunicación* (2017), hablamos de la necesidad de implementar un modelo relacional de comunicación, un proceso de producción de sentido, un hecho cultural que facilita y es el puente que vincula los espacios multisectoriales por donde circulan, se establecen e interactúan actores sociales insertos en realidades que cambian permanentemente.

Nada podremos hacer, entonces, si no conocemos el ecosistema en el cual se produce la lucha por el sentido. Del mismo modo, creemos que tampoco nos irá bien si no ponemos el foco en esos dispositivos que conforman los discursos políticos e impactan en la subjetividad de los electores.

Y como hablar y/o hacer análisis del discurso es inseparable de la indagación acerca de lo ideológico, remitimos a Stuart Hall (1998) para definir qué entendemos por ideología en este trabajo:

> *«Por ideología entiendo los marcos mentales —los lenguajes, los conceptos, imágenes de pensamiento y los sistemas de representación— que diferentes clases y grupos sociales utilizan para dar sentido, definir, configurar y volver inteligible el modo en que funciona la sociedad. El problema de la ideología (...) involucra el modo en que las ideas de los diferentes grupos atrapan las mentes de las masas y, de este modo, se convierten en una fuerza material. (...) esta perspectiva (...) nos ayuda a analizar cómo un conjunto particular de ideas llega a dominar el pensamiento social de un bloque histórico (...); y así ayuda a unir ese bloque desde el interior y mantener su dominio y dirección sobre la sociedad como un todo. Tiene que ver especialmente con los conceptos y los lenguajes*

---

6   Conocida así porque no tenía una sede universitaria. Surge en los años 50 del siglo xx. Sus representantes eran oriundos de Palo Alto (California) y Filadelfia (este de Estados Unidos) y buscaron estudiar la comunicación sin partir del modelo informacional tradicional.

de pensamiento práctico que estabilizan una forma particular de poder y dominación; o que reconcilian y conforman las masas del pueblo en su lugar subordinado en la formación social» (s/p).

Si las ideologías funcionan a nivel de cadenas discursivas, penetrando en un campo ideológico y tomando una representación nodal (idea) pondremos en movimiento una cadena de asociaciones connotativas interrelacionadas que se defenderán unas a otras, motivando un repertorio común y compartido de conceptos que se rearticulan y desarticulan dentro de sistemas de equivalencias y diferencias. Arribamos a la idea de hegemonía que, coincidiendo con Laclau y Mouffe (1987), definimos como una suerte de negociación entre superficies discursivas contradictorias que nos posibilitan pensar la sociedad como multiforme y diversa. Como digo en mi libro anterior, cualquier estructura discursiva comporta una práctica articulatoria que constituye y organiza las relaciones sociales. Y como no hay fijaciones únicas, sino parciales, podemos concebir cada discurso como un intento de dominación del campo discursivo, deteniendo diferencias y construyendo puntos privilegiados —significantes que fijan el sentido de la cadena de asociaciones—.

Cuando hacemos comunicación política producimos sentido y lo hacemos a través de un conjunto de signos que apuntan a convencer electores que no conocen a nuestro candidato o que no están convencidos de acompañarlo. Buscaremos captar su atención y conquistar su corazón para convencerlos de que nuestro político es la mejor alternativa.

Si la comunicación es una suerte de lucha por triunfar en la configuración de modelos de mediación social, es necesario que la comunicación de una campaña política parta de un abordaje integral que entienda la complejidad desde la cual estamos hablando en este libro.

Con el advenimiento de la tecnopolítica, pareciera que la historia de la comunicación política comenzó con la aparición de los medios sociales. Y no. La comunicación es tan vieja como la historia de la humanidad y, en materia de política, si bien se sumaron posibilidades, no hay demasiados secretos si queremos diseñarla e implementarla como corresponde.

Sin avanzar sobre cuestiones como la crisis del *branding* —evidenciada en el contraste entre el producto y aquello que una marca dice sobre él para posicionarlo— y la técnica del *storytelling* —como la más adecuada para contar historias—, es conveniente tomar prestados algunos conceptos de Joan Costa Solá-Segalés[7] que ya cuentan con más de veinte años

---

7   Comunicólogo, sociólogo, diseñador gráfico, investigador y metodólogo español que incursionó en el terreno de la utilidad pública del diseño, la señalética y la comunicación publicitaria, entre otras cosas.

y, a mi criterio, para comprender dónde estamos parados, aún continúan vigentes. Así, diremos que entre el «qué dice», «qué hace», «qué da a entender» y «qué aparenta hacer» un político hay conflictos alineados en los dominios de la identidad y de la comunicación.

Si la identidad objetiva es la genética del candidato, la identidad percibida será la suma de esa identidad objetiva más la subjetivada por los públicos, es decir, aquello que proyecta mi candidato sobre quién es, qué hace y cómo lo hace, sumado a la interpretación de quienes reciben los mensajes cargados de atributos de identidad objetiva, en un proceso de comunicación en el que hay una multiplicidad de sentidos de acción. Me cito:

> *«Si planificamos el posicionamiento (...) apuntando al fortale-cimiento de la identidad que posicione en el imaginario social atributos -deseables y programados- que queremos proyectar, y como la imagen es el registro público de esos atributos de iden-tidad -es decir, la lectura e interpretación pública que debemos comprender en términos de imaginario o representación social colectiva-, al poner en marcha un plan de comunicación estraté-gica no desconocemos que existirán diferencias entre identidad e imagen sino que intervenimos para que esa distancia sea lo más pequeña posible» (p. 48).*

Trabajar para que un político participe de una elección será un proceso que incluya tanto el diseño de su identidad como el posicionamiento de los atributos identitarios. Como vimos en el capítulo anterior, estas cuestiones requerirán de una previa, seria y pormenorizada investigación del campo electoral para tener un mapa sobre el cual podamos planificar la intervención en territorio.

Los atributos identitarios de un político deberán ajustarse a aquello que los electores esperan de un político, que circula en el imaginario de representaciones colectivas sobrevolando las relaciones de sentido que se dan al interior de la vida social y que conoceremos gracias a la demoscopia. Si cada época y cada grupo tienen un repertorio de ideas que los distingue, la investigación preliminar debería informarnos acerca de cuál es ese círcu-lo de temas que los electores eligen como propios y sobre los cuales ponen acentos valorativos.

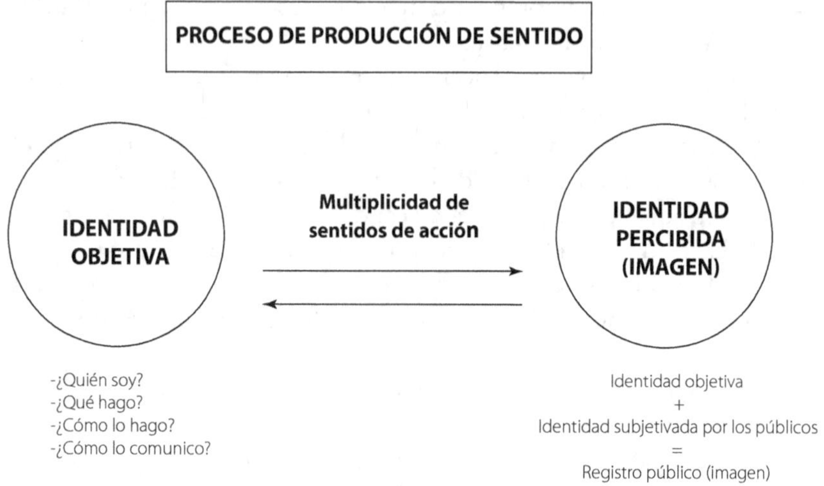

Cuadro 5: Producción de sentido.

Posicionar atributos deseables y positivos de la **IDENTIDAD** para fortalecer su **registro público**.

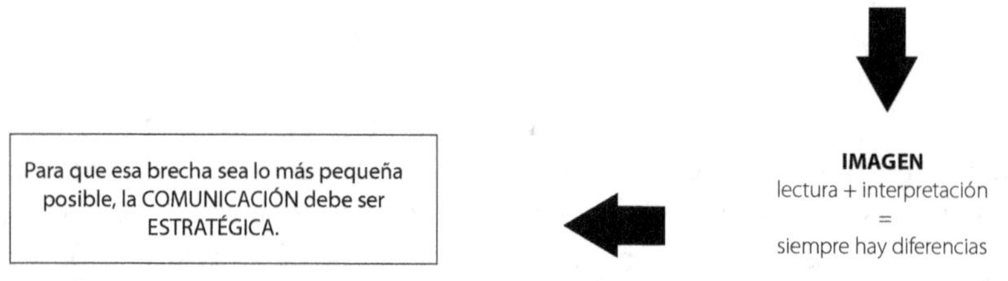

Cuadro 6: Imagen: lectura + interpretación.

CARACTERÍSTICAS DE UN ESCENARIO POLÉMICO

En un escenario en el que la tecnopolítica llegó para quedarse, los electores ocupan púlpitos de opinión como prosumidores[8] de información sin percibir salario, a cualquier hora, en cualquier lugar y utilizando

---

8   Prosumidor o *prosumer* es un concepto que une otros dos: consumidor y productor. Es un usuario de plataformas de internet que genera contenidos y opiniones respecto de una temática. Acuñado por Alvin Toffler en su obra *La Tercera Ola* (1979), quien por entonces lo vinculó a un facilitador de una marca, algo que hoy estaría más cerca del concepto de *influencer* o influenciador. En este libro, el concepto prosumidor apunta a esos usuarios de internet que comparten información y opiniones como si fuesen trabajadores de medios, pero sin salario.

dispositivos inteligentes que les permiten acceder a plataformas virtuales con presencia en internet.

El actual ecosistema de la comunicación es habitado por organizaciones, empresas, instituciones de todo tipo —entre ellas las políticas— y actores sociales —entre ellos los políticos— que utilizan todos los medios disponibles —entre ellos las herramientas digitales—, puesto que desean gestionar una comunicación efectiva con los ciudadanos, clientes y/o electores.

En este marco de la realidad, los políticos deben esforzarse y renovar la relación con sus electores tanto a través de los espacios y medios tradicionales como en las plataformas de interacción social disponibles en internet, para lo cual deberán adecuar sus discursos, sus narrativas y sus estéticas.

Si pensamos en un diagnóstico de la comunicación de la gran red, a lo que ya dijimos anteriormente debemos agregar que el ámbito político no tiene gran claridad respecto de la especificidad de los medios con presencia en internet. Por ejemplo, es muy común ver en las redes sociales el mismo afiche de calle, lo cual nos habla de un gran desconocimiento de los *targets* online.

En este sentido, con una taxonomía que comparto plenamente, José Fernández Ardóiz (2014) clasifica la comunicación política en internet, y la divide en cuatro etapas desde la aparición de las tecnologías de la comunicación y la información, sus avances y el uso como herramientas de la acción política:

> *«Etapa 01 (...) la política y los políticos ingresan al mundo de las Tecnologías de la Información y la Comunicación, incorporando su uso, los teléfonos móviles, comienzan a utilizar las redes sociales y entienden que deben estar allí (...) los políticos "están 2.0" (...) Etapa 02 (...) los políticos empiezan a aceptarlas (...) Se traslada (...) la acción comunicacional política tradicional del mundo offline, al mundo online (...) "siguen estando 2.0". Etapa 03: (...) los políticos asimilan ya el uso de la tecnología, internet y las redes sociales y se apropian de ellas (...) Más allá del simple hecho de comunicar (...) empiezan a generar nuevas acciones que son posibles sólo con la existencia de las Tics. (...) "son 2.0" (...) viviéndola como la viven los ciudadanos (...) hoy (...) existen una importante cantidad de partidos políticos, legisladores, secretarías de gobierno, ministerios, gobernaciones, alcaldías, intendencias (...) con sus páginas webs, cuentas en Facebook y en Twitter (...) todavía no han desarrollado (...) una estrategia de vínculo real, y se limitan a publicar toda su acción de prensa, pensada para los medios tradicionales de comunicación masiva,*

> *pero ahora también lo hacen en internet. Etapa 04: (...) la de la creación innovadora de acciones de comunicación, vínculo y participación (...) Aprehenden (...) nuevas formas de vinculación política/ciudadanía, interpretando a los usuarios y ciudadanos en sus formas, modos y métodos de utilización de las Tics en su vida cotidiana. (...) son 2.0 en toda su dimensión» (pp. 90-91).*

Para un responsable de comunicación política y su equipo es muy importante evaluar en cuál de los momentos citados están parados y deberían hacerlo con una honestidad tal que les permita reconocer sus fortalezas y sus debilidades. Además, el responsable político institucional tiene que poder comprender cuál es el cuadro resultante de tal análisis y acompañar a su equipo de comunicación para darle la viabilidad y los recursos necesarios para que la comunicación política sea gestionada de manera integral —donde la comunicación digital es una parte importante, aunque una parte al fin—.

PULGARES ARRIBA

En la era de los medios sociales, el «me gusta» lleva la delantera en tanto efecto de aceptación de contenidos. Detrás de esto, hay una cuestión más profunda centrada en la idea de que aquello que gusta es lo que conquista el corazón. Parafraseando a George Lakoff (2004), diremos que debemos ser capaces de movilizar emociones y comprender que esto es un arma de gran valor en el contexto de mediatización de la política. Además, es importante señalar que el actual contrato de lectura[9] establece la necesidad de que la comunicación política construya relatos del «hombre común»[10], es decir, historias emotivas que hagan que los electores se identifiquen y las sientan como propias.

En estos tiempos, las redes son productoras de celebridades, de manera que cualquiera puede ejercer la transparencia como una política de vida en el mundo virtual y lograr —si lo deseara— un protagonismo que otrora le era reservado a unos pocos. Hay ejemplos de famosos influenciadores que lograron una gran visibilidad en las redes sociales publicando contenidos simples, autogestionados, creativos, amigables y atractivos que llegaron a miles y miles de personas que se sintieron identificadas e implicadas a tal punto que hoy confían mucho más en ellos que en la publicidad

---

9   Proveniente de la semiótica y acuñado por Eliseo Verón, el concepto de «contrato de lectura» se refiere al lugar del acuerdo que se establece tácitamente en la relación entre soportes/espacios comunicacionales y receptores.

10 Expresión tomada del título del libro de G. K. Chesterton, *El hombre común.*

tradicional. Estos *influencers* comenzaron a salir de sus espacios en internet y ya transitan los medios tradicionales y los territorios, puesto que, por la gran empatía que generan con los públicos, muchas empresas de publicidad los contrataron para hacer campañas de diversa índole.

Si entramos en el terreno de la confianza, se suma el hecho de que los ciudadanos le bajan el pulgar tanto a las instituciones de gobierno, como a la política y a los medios de comunicación tradicionales. Hoy asisten a una profunda crisis que vemos reflejada en algunos datos del informe Latinobarómetro de 2018, año en el que, según su sitio oficial[11], cayeron todos los indicadores políticos, económicos y sociales, y se alcanzó, en algunos casos, las cifras más negativas desde que comenzaron a realizar el análisis, en 1995.

Los datos que entrega el informe acerca de la confianza son muy importantes para la comunicación política. La publicación declara que somos la región del mundo más desconfiada de la tierra y que, por segundo año consecutivo, tenemos el mínimo histórico de confianza interpersonal (nuestro país alcanza el 18 %). Con respecto a las instituciones de la democracia y la sociedad, los resultados con los que nos vemos en la actualidad son: Iglesia, 63 %; Fuerzas Armadas, 44 %; policía, 35 %; institución electoral, 28 %; poder judicial, 24 %; gobierno, 22 %, congreso, 21 % y partidos políticos, 13 %. Latinobarómetro indica, además, que la competencia electoral no siempre es vista por los votantes como un proceso limpio, puesto que la idea de corrupción opaca su imagen y le hace perder legitimidad. En un escenario tan desfavorable, los políticos deberían mostrar el origen de los fondos que financian sus campañas o publicar en sus sitios webs las declaraciones juradas de su patrimonio, entre otras cosas.

Teniendo en cuenta informes propios del sector público, político y educativo de nivel superior, puedo confirmar la idea de que, en la actualidad, los electores son mucho más críticos y exigentes que hace unos años atrás y esto va de la mano de la aparición y desarrollo de los medios sociales. Amantes del sí, pero, alrededor de ocho de cada diez ciudadanos que interactúan en las redes sociales en materia de servicios públicos siempre ven lo que falta y esperan que las organizaciones y sus representantes resuelvan sus demandas en el momento. En este contexto, el *just in time* deviene ética y estética para un trabajo de comunicación política/institucional que debe estar a la altura de esta realidad.

Otra característica que prima en el escenario actual es el escepticismo. Según el informe ya citado que investiga sobre América Latina, hay un aumento de veinte puntos en el índice de insatisfacción con la democracia,

---

11 Disponible en file:///C:/Users/Usuario/Downloads/INFORME_2018_LATINOBAROME-
TRO.pdf).

en los últimos veinte años. En nuestro país, hablamos de tan solo un 27 % de satisfacción —algo que debería preocupar al sistema político y que no significa que el 73 % insatisfecho desee una dictadura—. Asimismo, tan solo el 8 % de los argentinos consultados dijo que se gobierna para todo el pueblo. En cambio, ese número también piensa que el gobierno siempre beneficia a unos pocos y no es capaz de resolver los problemas económicos de las mayorías.

Para finalizar este apartado, retomemos el ejemplo de la campaña de Obama de 2008 en Facebook, la cual —como vimos— tuvo como rasgo característico y novedoso dar la voz a los electores. A partir de entonces, el arco político/institucional latinoamericano comenzó a utilizar los medios sociales, aunque aquello que distinguió al norteamericano estuvo y aún está muy lejos de alcanzarse. Acá importa más la foto y el redundante texto que describe la imagen que la escucha social y la interacción.

En un escenario como el que venimos analizando, los electores son grandes usuarios de herramientas tecnológicas para comunicarse con el mundo virtual —que puede pasar al territorial—, local o remoto, conocido o desconocido, por recreación o por activismo.

Desaprovechar la oferta de interacción que prometen estos medios es perder oportunidades de convencer y de captar seguidores. Ahora bien, lo que vemos en la actualidad estaría indicando que, salvo excepciones, la política se quedó atrás con una estructura devaluada y desactualizada, peleando por alcanzar el camino de nuevos movimientos ciudadanos autoconvocados —sin filiaciones políticas— en una gran ágora donde hacen declaraciones, opinan, organizan eventos y convocatorias, hacen coberturas de tales actos, etc. Pensemos, en esta línea de activismo, las acciones propuestas por el colectivo Ni Una Menos[12], quienes, para visibilizar la violencia de género y los femicidios como su expresión más aberrante, realizaron grandes convocatorias en territorio desde las redes sociales —que, además, fueron replicadas en el mundo entero a partir de su primera organización en nuestro país—.

Los comportamientos ciudadanos en los distintos escenarios de la actualidad ponen en evidencia que asistimos a nuevas formas de hacer política y esto es algo que no todos los políticos están pudiendo ver, puesto que algunos aún sostienen que haciendo lo mismo de siempre, continúan ganando elecciones. Al respecto, Antoni Gutiérrez Rubí (2018) señala:

> *«Dar primero la palabra, antes de pedir el voto. En una sociedad decepcionada, crítica y muy informada, la política está cada*

---

12 Más información, ingresando en http://niunamenos.org.ar/

vez más vigilada por los ciudadanos; estos quieren poder decidir, o tener la posibilidad de hacerlo. Se multiplican las aplicaciones y plataformas que fiscalizan y monitorizan las actividades de los gobernantes, y algunas que permiten participar en política o tomar decisiones juntos. El problema estriba en que ningún partido parecía querer utilizarlas» (p. 15).

EL FUTURO YA LLEGÓ

Si analizamos los consumos culturales de estos tiempos, la tecnología y sus aparatos ocupan un lugar de gran relevancia. Todo parece indicar que las predicciones de McLuhan[13] respecto de un futuro en el que los medios llegarían a ser una extensión de los cuerpos humanos finalmente es una realidad. Por su parte, Michel Serres (2013) habla del nacimiento de un nuevo humano:

«(…) durante un intervalo breve, el que nos separa de los años setenta. Él o ella ya no tiene el mismo cuerpo, la misma esperanza de vida, ya no se comunica de la misma manera, ya no percibe el mismo mundo, ya no vive en la misma naturaleza, ya no habita el mismo espacio» (p. 21-22).

Los datos que arroja el informe Latinobarómetro (2018) son reveladores, ya que, entre otras cosas, nos dice que el 89 % de los ciudadanos tienen teléfono celular y que ese porcentaje solo es superado por el 91 % que tiene agua potable. La publicación también informa que el teléfono inteligente aparece como un objeto integrador de las diferencias de clase.

Por su parte, las redes sociales son plataformas que, como ya dijimos, tienen una gran penetración cultural. Ellas permiten que los ciudadanos puedan ejercer su libertad de expresión, nos ofrecen información acerca de cuestiones que no están en la agenda y promueven un intercambio que en los medios tradicionales o en persona, sería muy difícil de sostener en forma diaria. En sintonía con esto, Latinobarómetro evalúa que las plataformas sociales pueden propiciar un aumento del índice democrático de la sociedad en la medida que los ciudadanos las usen para revelar sus problemas, participando, de este modo, en la discusión pública de manera directa.

---

13 Herbert Marshall McLuhan (1911-1980) fue un filósofo canadiense que investigó los efectos de los medios de comunicación masiva en la sociedad y la cultura.

Esto es fundamental en las campañas políticas. Aquellos que no comprendan las lógicas y las estéticas de los medios sociales no lograrán llamar la atención de los públicos que los habitan. Aquellos que no den la voz a los ciberciudadanos y afinen la escucha no prosperarán en esos medios. Las redes sociales son espacios públicos que reciben ideas, críticas y pedidos acerca de la realidad de aquellas personas que las expresan en ellos.

Este escenario requiere del trabajo de gente que sepa, y los políticos y sus equipos deberían estar a la altura de las circunstancias, tanto para mantener una escucha activa que respete la expresión de todos, como para gestionar acciones de representación de esta gente que no encontró en el territorio las respuestas que está buscando en estos medios sociales. Dice el ya citado Gutiérrez Rubí (2018):

> *«Podemos hablarle al mundo (...) Pasamos de un mensaje SMS, (...) bidireccional privado, casi enclaustrado, a un mensaje abierto y global. Vivimos un cambio muy profundo en las relaciones entre representantes y representados (...) lo importante es saber escucharles, hablar, dialogar, ser transparentes»* (pp. 63-64-65).

Además de mantener una escucha activa y promover el intercambio, es fundamental tener en cuenta quiénes son los usuarios de cada espacio en internet, puesto que nos servirá para establecer los microtargets hacia quienes nos dirigiremos —esto es válido tanto para las redes sociales como para cualquier tipo de comunicación que los políticos deseen establecer con los electores—.

Diremos, sintéticamente[14], que, en la actualidad, conviven seis generaciones digitales cuyos miembros comparten características del momento en el que nacieron y del entorno en el que crecieron. Ellas evidencian, además, un tipo de comunicación y consumos culturales y tecnológicos que le es más o menos propio y con el que se identifican. Asimismo, por el acceso a la educación y a las tecnologías de la información y la comunicación, además de conductas adaptativas con respecto a la utilización de estas últimas, hay influencias generacionales y, en este sentido, el caso sobresaliente es la *millennial*, ya que generaciones mayores aspiran a igualarse en términos de habitus[15] asociados a ella.

---

14 En el último capítulo de este libro, los interesados podrán acceder a un trabajo que realicé como investigadora del Grupo de Investigación y Oratoria que dirige el colega Abel Vera Hidalgo, del cual soy asistente, en la Facultad de Ciencias Sociales de la Universidad de Buenos Aires.

15 Este concepto fue acuñado por el filósofo Pierre Bourdieu y podemos pensarlo como la sensación de estar en su lugar, es decir, el conjunto de disposiciones interiorizadas que evidencia las percepciones, los sentimientos y las acciones de los sujetos sociales construidas en la interacción social.

La historia del siglo xx y del que transitamos es testigo del devenir de sus integrantes y los cambios. La primera generación es la que se conoce con el nombre de generación silenciosa e incluye a las personas que nacieron entre 1925 y 1944, es decir, quienes ya han vivido entre 75 y 94 años. Con una edad que oscila entre los 55 y los 74 años, los *baby boomers* nacieron entre 1945 y 1964. Generación X es el nombre del grupo de personas nacidas entre 1965 y 1979, quienes actualmente tienen entre 40 y 54 años. Son los jóvenes de los años 1980 y los años 1990. La generación que sigue es la Y o *millennials*: los nativos digitales que llegaron al mundo entre 1980 y 1994 y en la actualidad tienen entre 39 y 25 años. Los *centennial* o integrantes de la generación Z son los jóvenes y niños que nacieron entre 1995 y 2010 y tienen entre 24 y 9 años. Por último, la generación *alpha* incluye a los niños que nacieron a partir de 2011.

Ante este panorama, si nos planteamos el diseño de una comunicación eficaz, el trabajo de micro segmentación será muy importante para construir empatía con los *targets* destinatarios.

Por último, no podemos olvidarnos de que en el ecosistema actual los electores están expuestos a un aluvión de información como nunca antes y que, generalmente, no tienen ni la capacidad ni el tiempo para procesarla. En ese gran volumen de datos, conviven opiniones, informaciones, noticias falsas y una innumerable cantidad de contenidos que producen los habitantes de un ecosistema anárquico y con infinidad de datos y fuentes sin chequear. Por otro lado, la crisis de credibilidad en la política se suma al hecho de que los políticos viven en un microclima donde creen que a la gente le interesa lo que les interesa a ellos y suelen encapricharse con cuestiones que van directamente al fracaso comunicacional.

La realidad que tenemos ante nuestros ojos obliga a los equipos de comunicación política a gestionar contenidos persuasivos, creativos, atractivos, que conquisten el corazón de aquellos a quienes tenemos que llegar y, sobre todo, que no sean evaluados por el entorno del candidato, puesto que ese entorno generalmente enaltece su figura, y de lo que se trata es de poner en primer plano a la gente, sus expectativas, sus necesidades y su voz.

LA FORTALEZA ELECTORAL

Para conquistar al electorado es importante tener en cuenta, en primer lugar, que el ataque y la respuesta defensiva no comportan una actitud estratégica desde el punto de vista comunicacional. Abandonar el lenguaje de los fontaneros de la política es uno de los consejos que ofrece Lakoff (2004), así como también mantener nuestros marcos —puesto que si hablamos de los de nuestros opositores, lo que hacemos es apuntalarlos—. Si mi candidato dice «yo no soy corrupto como fulano» o «lo que hace fulano no voy a hacerlo yo» está reforzando al tal fulano y sus marcos. En vez de eso, debería hablar de sus propuestas de transparencia o mostrar qué dicen los que lo conocen sobre su honestidad. Explican Joseph O´Connor y John Seymour (1990):

> *«el cerebro solo puede entender lo negativo convirtiéndolo en positivo. Para evitar algo, hay que saber lo que se está evitando y mantener la atención en ello. (...) Cualquier cosa a lo que uno se resista, persiste»* (p. 40).

Aunque con distintos propósitos, al igual que Lakoff, estos autores explican que es necesario que los enunciados sean formulados en forma positiva. No nos olvidemos de que el «no» solo existe en el lenguaje y no en la experiencia. Es evidente que estas cuestiones revisten importancia si queremos lograr que un candidato político se convierta en una opción electoral con intención de voto o si queremos lograr que una institución mantenga una comunicación eficaz con sus públicos.

Conocer quiénes son los electores y ciudadanos es de una importancia capital a la hora de diseñar e implementar un plan de comunicación. En tiempos de campañas políticas, sirve para evaluar la fortaleza electoral de un escenario en el que —como ya vimos— la política tiene un escaso interés entre los electores. Asimismo, permite relevar la necesidad de corregir estrategias en función de datos concretos que surgen del monitoreo permanente de la realidad.

Existen varias formas de clasificar a los votantes. La más conocida está bastante presente en los medios de comunicación y domina la agenda pública en tiempos de campañas políticas. Diferencia a los electores en cuatro grandes grupos: los votantes duros (fieles a un partido, sus ideales y su candidato), los votantes blandos (aquellos que tienen una preferencia electoral, pero pueden llegar a cambiarla), los votantes indecisos (pueden votar por un candidato o por otro puesto que no tienen preferencias partidarias), y los votantes opositores (son los que jamás elegirían a nuestro candidato).

Si bien no niego la importancia de tal taxonomía, considero interesante pensar el papel que cumplen las emociones y los tipos psicológicos de los votantes en la decisión electoral. Si en este libro sostengo la importancia de conquistar el corazón de los electores es porque considero relevantes estas cuestiones en materia de política y comunicación. Parafraseando a Marcus, Neuman y Mackuen (2000), diremos que la gente adopta hábitos que inciden en todas las decisiones de su vida, incluidas las de su voto.

Podemos profundizar aún más y mencionar los cinco tipos psicológicos de votantes que propone el psicólogo y consultor político Daniel Eskivel (2018), quien, tomando como punto de partida el Big Five[16], desarrolló una tipología de los electores en función de sus rasgos de personalidad: votante emocional (es un elector impulsivo, que sintoniza en estado emocional, que piensa, decide y actúa tomado por las emociones y que, en general, tiende a apoyar posiciones políticas de centro-izquierda o progresistas); votante social (se distingue por los estímulos externos, es enérgico, sociable, dinámico, asertivo, generalmente más participativo, llega a ser militante o activista de una causa, tiende estadísticamente a ser más conservador y no se satura ante el bombardeo publicitario o las discusiones políticas); votante amable (busca la armonía y el equilibrio interpersonal, es una persona tolerante que en tiempos de polarización se ubica en terceras posiciones o suaviza polos antagónicos y tiene una gran dosis de empatía que lo hace más propenso a apoyar políticos que ayuden a otros); votante metódico (es ordenado, perseverante, tenaz, sintoniza muy bien con la comunicación política y tiende a ser conservador); votante abierto (es creativo y original, va más allá de lo conocido y no comulga con la comunicación política vieja y tradicional).

Si hacemos un buen trabajo de investigación tanto antes como durante la campaña política, y luego, si triunfamos en las elecciones y asumimos la gestión pública, podremos empatizar más ajustadamente con la ciudadanía.

Al combinar las dos tipologías descriptas y cruzar los datos resultantes con otras herramientas metodológicas, podremos construir un mapa mucho más ajustado al territorio sobre el cual desplegamos o desplegaremos nuestras acciones concretas.

Dice Eskivel:

> *«Si sabemos cómo es la personalidad de los votantes, entonces sabremos cómo comunicarnos mejor con ellos. El votante espera que el candidato sea un buen sastre. Que su comunicación política se adapte suave y naturalmente a su personalidad. Si no lo hace se siente incómodo y tarde o temprano se quita de encima esa comunicación. Es entonces que comienza a mirar para otro lado»* (p. 11).

---

16 Se refiere al modelo que estudia la personalidad en función de cinco grandes rasgos: sociabilidad, responsabilidad, apertura, amabilidad y neuroticismo.

CAPÍTULO 3
NO ES LO QUE DECÍS, ES LO QUE HACÉS

Un viaje de mil millas comienza por el primer paso.
Lao-Tsé

La tarea de los que hacemos comunicación estratégica no es fácil. Hay muchos «expertos» y muchos expertos. Si me preguntaran por los ingredientes necesarios para diseñar e implementar un plan de comunicación estratégica político o institucional, mi respuesta es la siguiente: agarre una caja que tenga siempre a mano e incluya experiencia, intención positiva, profesionalismo, un muy buen presupuesto, exceso de creatividad, respeto por la multidisciplina, información pertinente y abundante sobre los electores y el territorio, trabajo en equipo, empatía (hacia adentro y hacia afuera), capacidad de construir acuerdos con los formadores de opinión (medios, periodistas e influenciadores) y algo de viento a favor, pues, si bien la estrategia es nuestro faro, lo contingente está y nos marca la cancha permanentemente. Hay que estar preparados.

Es importante tener presente el gráfico que sigue —inspirado en una propuesta de David Burin y Ana Inés Heras (2001: p. 72)— para evaluar las lógicas cohesivas de estas cuatro dimensiones sistémicas: los tiempos sociales se relacionan con el entorno, sus características, su realidad y sus protagonistas; los tiempos económicos nos hablan de la situación presupuestaria y de la eficiencia de su ejecución; los tiempos técnicos se refieren a la eficacia de la multidisciplina, a la creatividad y a la fuerza relacional del equipo; y los tiempos políticos nos hablan de nuestro candidato en relación con otros políticos, con los medios, con la militancia, con los electores, las alianzas que establece, etc. De cómo se interrelacionen estos subsistemas, dependerá la coherencia del sistema para que el barco llegue a buen puerto.

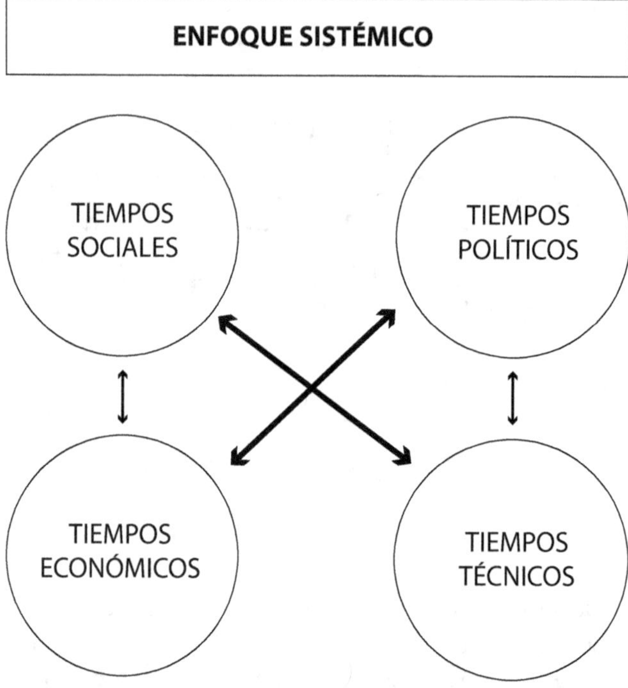

Cuadro 7: Enfoque sistémico de los tiempos sociales, económicos, políticos y técnicos.

En este capítulo, vamos a hablar de comunicación de campañas políticas. En principio, diremos que, si bien una campaña es un juego de estrategias, cuando estamos inmersos en ella no estamos jugando al TEG[1]. Como ya mencionamos, una campaña política requiere de un diagnóstico y de una planificación que ordene el camino —a veces largo, a veces no tanto— en el cual la toma de decisiones es una acción permanente. Digo

---

1   El TEG —también llamado Plan Táctico y Estratégico de la Guerra— es un juego de mesa que plantea un conflicto bélico sobre un planisferio dividido en cincuenta países. Tiene como objetivo común que uno de los jugadores pueda ocupar treinta países, en tanto existe un objetivo secreto que cada jugador recibe al elegir una carta y que es desconocido por el resto de los participantes. Puesto que el objetivo es ganar, el juego prevé alianzas y también traiciones entre los jugadores. Quien primero logre cumplir cualquiera de los objetivos, se convierte en el ganador.

«a veces largo» porque una campaña política comienza cuando largamos al candidato a la cancha y si gana las elecciones esa campaña se vuelve permanente, continúa, sigue adelante en la gestión. Por ejemplo, si un candidato es elegido por los ciudadanos, las promesas de campaña pasan a marcar el rumbo de la gestión que asume, para lo cual elaborará un perfil de esta en materia de capacidad técnica y política capaz de detectar demandas ciudadanas y diseñar y ejecutar políticas públicas.

En el capítulo anterior, vimos que la comunicación estratégica de una campaña política no es una tarea fácil ni es apta para improvisados. Coincido con muchos colegas acerca de que no se trata de un trabajo que pueda desarrollar un grupo de simpatizantes por más buenas intenciones que tengan ni quienes pertenecen a campos epistemológicos que no tienen especificidad en comunicación política.

La diferencia entre la improvisación y la planificación de una campaña política es la diferencia que existe entre entregarla a «los amigos» y contratar a un consultor externo que sepa hacer las cosas y que no tenga la mirada sesgada por pertenecer al espacio político del candidato. Como ya señalamos, en general «los amigos» ponen énfasis en el candidato y en sus propuestas cuando en realidad una campaña debe tener como gran eje a la gente.

También dijimos que antes de diseñarla es necesario identificar cuáles son las necesidades, las expectativas, los deseos, las preferencias, las emociones, los sentimientos, los gustos y los consumos de los electores. Esto nos permitirá producir el discurso, las propuestas, los mensajes y los productos comunicacionales y ofrecerlos en forma microsegmentada para persuadir y seducir a aquellos electores que están esperando y deseando eso que les ofrecemos, que es, ni más ni menos, que aquello con lo cual se identifican.

De este modo, nuestro candidato se constituye en una promesa que debemos construir teniendo en cuenta qué esperan los electores —no aquellos que ya sabemos que van a votarlo, sino los otros, aquellos que tenemos que conquistar—. Haremos las ofertas pertinentes en tiempo y espacio para tener más chances de cumplir con el objetivo de ganar la elección. La clave está en programar la identidad del candidato, identificando los atributos positivos y eligiendo aquellos hagan la diferencia, es decir, seleccionando significantes que —parafraseando a Carlos Fara (2014)— tengan mayor cercanía simbólica con la opinión pública.

LA METÁFORA DEL ZAPATERO

Una campaña política tiene distintos momentos atravesados por un aspiracional que es ganar la elección. Comienza con la conformación del equipo que va a acompañar al candidato durante todo el viaje. Por mi experiencia, considero ideal para trabajar como corresponde contar con un grupo de profesionales compuesto por un consultor político externo que —junto con el candidato y en virtud de los datos de la demoscopia— diseñará el plan de trabajo, tomará las decisiones estratégicas y será el jefe de campaña; una empresa encargada de realizar la investigación en materia de demoscopia; un equipo de comunicación conformado por un coordinador —comunicólogo experto en comunicación estratégica y política—, un asistente, dos periodistas, dos fotógrafos, dos diseñadores, dos comunicadores especializados en redes sociales, un asesor de imagen, dos personas para ceremonial, un coach —que trabaje oratoria, emociones y comunicación no verbal— y una agencia de publicidad.

Voy a confesar que decidí hablar en primera persona porque en mis años de trabajo he visto de todo y quiero compartirlo, ya que, por un lado, puede ser de utilidad y, por otro, puede servir de espejo y catarsis. Desde hace tres décadas, vengo trabajando con distintos roles y responsabilidades, muy cerca de dirigentes políticos y funcionarios de gobierno de los tres niveles de Estado. Fui respetada y fui ignorada. Fui maltratada y fui reconocida. Por varones y por mujeres. Fui testigo y fui parte de campañas políticas en donde la comunicación estuvo en manos de expertos y otras en donde arribistas desvergonzados con veleidades de expertos destrozaban la identidad de un dirigente. He visto militantes, familiares y soberbios personajes denostar propuestas de comunicación de campaña diseñadas de manera profesional, creativa e innovadora. También viví experiencias de trabajo que están en el podio. Vi a algunos candidatos ganar y vi a algunos candidatos perder. La sabiduría popular nos regala la metáfora del zapatero, un refrán que nos ayuda a explicar algo que la política parece no comprender: «zapatero, a su zapato», dice, puesto que cada quien debería realizar el trabajo que le corresponde.

No es la primera y seguramente no será la última vez que mencione la necesidad del profesionalismo en el campo de la comunicación política y/o institucional. Como se imaginarán los lectores, aunque es cierto que muchos candidatos ganan las elecciones aun sin un equipo como el que se sugiere en este libro, sobre la calidad y pertinencia de las campañas políticas y la comunicación me reservo la opinión. Habrá que ver cuáles fueron las condiciones objetivas para que se den resultados victoriosos. Tal vez no haya habido grandes riesgos o graves situaciones de crisis, puesto que la improvisación es peligrosa y puede desandar todo un camino. En tanto, la comunicación de una campaña con un diagnóstico que incluya fortalezas, oportunidades, debilidades y amenazas, sumado a una planificación acorde al mismo y al escenario electoral, prevé —entre otras cosas— acciones para evitar una crisis o abordarla en caso de que surja de todos modos.

En este sentido, remitiendo a Laurence Barton (1993), Javier Sánchez Galicia (2014) puntualiza:

> *«(...) las crisis se presentan en 43% de las ocasiones porque los actores políticos hablan sin entender la cultura o el contexto, los procedimientos o las normas; otro 27% se da cuando se presenta información equivocada generada en el seno mismo de la organización y, finalmente, un 22% cuando alguien quiere solucionar la crisis, pero sus palabras sólo logran empeorar la situación»* (p. 70).

Si podemos evitar estas situaciones, la campaña transcurrirá con más y mejores chances de llegar a buen puerto o al menos con más tranquilidad y prolijidad. Si aun así se desatara una crisis, hay que prever un plan de contingencia, manejado por expertos, que defina si —parafraseando al autor citado anteriormente— la comunicación de crisis será reactiva (no hablar para proteger la imagen del candidato) o proactiva (comunicar usando la voz de los afectados). Además, nada de esto debería transcurrir sin monitoreo permanente —tanto en territorio como en internet— del impacto de lo ocurrido sobre nuestros electores pues —a mi criterio— ello nos ayudará a decidir qué tipo de acciones asumiremos y en qué dominios las coordinaremos.

SINTETIZANDO EL HACER

Pensar una campaña política con planificación requiere de un trabajo de investigación y diagnóstico, tendiente a delinear estrategias sobre un mapa, y no basado en supuestos o caprichos. Una vez realizado este trabajo, sumaremos algunas cuantas otras cuestiones entre las que cobra relevancia el diseño de una calendarización, es decir, una sistematización de temas y actividades ordenadas en una línea de tiempo que, seguramente, va a ir ajustándose a medida que los días pasen.

A grandes rasgos, hay seis grandes momentos en una campaña electoral: el primero es el de la conformación del equipo; luego viene la etapa de investigación y diagnóstico (que, como vimos, se mantendrá para confirmar acciones o corregirlas); en tercer lugar, ubicamos el diseño de la estrategia y la programación comunicacional; después arribamos al momento de presentación en sociedad del candidato, asociada a su posicionamiento y dirigida a generar impacto en la opinión pública (pongo todo el programa de gobierno ante la opinión pública); seguidamente, nuestro candidato va a ir concentrándose en los ejes temáticos que elegimos en virtud de su promesa; y, por último, asistimos al momento en el que mostramos todo lo que hizo en campaña, lo cual evidenciará que es el candidato de la gente y que está seguro de su triunfo.

Cuadro 8: Momentos.

Ya hablamos de la conformación del equipo de campaña con sus necesidades profesionales para poder realizar un trabajo ordenado, prolijo, ameno, orientado al éxito que todos y cada uno de los integrantes pueda disfrutar aun con el cansancio que implica el hacer cotidiano de lo político/institucional. Con esto resuelto, no hay más que comenzar con el análisis de la investigación y la programación de la comunicación, la cual tendrá como eje rector una estrategia de campaña que diseñará el consultor político.

La primera tarea que debemos tener presente en este trabajo es la de ayudar al candidato a vincularse con el cargo al que se postula. Si nuestro candidato desea ser intendente municipal en un distrito de la provincia de Buenos Aires, por ejemplo, sus discursos deberán centrarse en cuestiones vinculadas con la ciudad que pretende gobernar, lo cual no quiere decir que no mencione cuestiones de la coyuntura nacional, aunque debe vincularlas con las de su distrito, y en tanto y en cuanto sean cosas que la gente está esperando y que conocemos porque investigamos previamente y sabemos cuáles son.

Es obvio que a esta altura ya habremos hecho la cantidad de entrevistas en profundidad necesarias tanto al candidato como a informantes clave, para conocerlo y establecer sobre qué atributos focalizaremos para construir la identidad de quien será el centro de la campaña. Hable él u otros lo hagan por él, el candidato será el único protagonista y estará en el centro de la escena durante toda la campaña.

Con todo lo anterior: equipo, demoscopia, diagnóstico, entrevistas y conocimiento del territorio, entre otras cosas, tendremos material suficiente para hacer una FODA[2]. La construcción de esta matriz nos dará información abundante como para contestar a un interrogante que es fundamental para la comunicación de una campaña política: ¿Qué promesa está siendo nuestro candidato para el electorado? La respuesta a esta pregunta va a permitirnos definir la metáfora sobre la cual programaremos la comunicación. Hacemos esto porque nos comunicamos desde una perspectiva metafórica que nos ayuda a simplificar la complejidad de lo real. Parafraseando a George Lakoff y Mark Johnson (2017), la metáfora impregna la vida cotidiana, es decir, nuestro sistema conceptual ordinario es de naturaleza metafórica. Por esta razón, tenemos que hacer coincidir esa promesa que constituye nuestro candidato para los electores con el espíritu de la época (el Zeitgeist[3] hegeliano) que comparten. La metáfora del candidato nos facilitará, entonces, la tarea de construir una representación identitaria positiva que buscaremos sea tan fuerte como para neutralizar a los oponentes y persuadir a los electores.

En un diplomado que organizó la UMET[4] en 2018, la presentación de Marco Enríquez-Ominami[5] incluyó algunas metáforas posibles sobre las cuales podemos pensar el perfil de un candidato. Sobre ello me apoyo para caracterizarlas, aunque propongo una más, la del hombre común:

---

2 Matriz que nos permite evaluar las fortalezas y oportunidades del candidato, así como también las debilidades y amenazas que podrían afectar el logro de los objetivos de campaña.

3 El espíritu de un pueblo, el espíritu de un tiempo, el espíritu de una época.

4 Me refiero a la Universidad Metropolitana para la Educación y el Trabajo (UMET) y al diplomado en Tecnopolítica y Campañas Electorales, dictado entre el 7 y el 15 de septiembre de 2018.

5 También conocido como MEO, es un político y cineasta chileno, fue diputado entre 2006 y 2010. Miembro del Partido Socialista hasta 2009, cuando renunció al partido para postularse como candidato político independiente en las elecciones presidenciales. Fundador del Partido Progresista en 2010. Candidato a presidente en 2013, elecciones en las que vuelve a obtener la tercera mayoría. Es profesor honoris causa de la Universidad de Aquino, Bolivia, e invitado en la Universidad Nacional de Rosario, Argentina. Más información, disponible en http://www.marcoenriquezominami.cl/

Metáfora de la RENOVACIÓN. Si pensamos en términos de renovación, trabajaremos sobre la metáfora del cambio. Dos ejemplos de la Argentina reciente cuyas candidaturas se forjaron sobre esta metáfora son los de Néstor Kirchner, electo presidente por el Frente para la Victoria, en 2003, con un discurso centrado en la transformación del país, el cambio y la esperanza de recuperación de la Patria, y Mauricio Macri, electo presidente en 2015, que incluyó la idea de cambio no solamente en su discurso, sino, además, en la marca de su frente electoral Cambiemos. Un ejemplo de Europa lo protagoniza Toni Blair, quien es elegido primer ministro en la Gran Bretaña de 1997 con el 43,5 % de los votos, tras 18 años de dominio conservador. Blair propuso una doble renovación: la del partido laborista (Nuevo Laborismo) que se limpió de viejos líderes, se alejó del socialismo tradicional marxista y le sacó poder a los sindicatos. Por otro lado, Blair aspiraba a mantener el Estado de bienestar con políticas socio-liberales tales como la presentación del «Modelo para el siglo XXI», con mensajes asociados al mundo del trabajo y la seguridad social, lo cual le aseguró la reelección mayoritaria en 2001.

Metáfora del HUMANISMO. En nuestro país, si bien la campaña de 2015 estuvo «montada» sobre la metáfora de Cambiemos, la construcción de identidad de María Eugenia Vidal utiliza atributos del humanismo ubicadas en un perfil angelado y una gestualidad que se muestra cercana y sensible. En Estados Unidos, ubicamos a Barack Obama en esta metáfora de construcción identitaria, aunque su mensaje haya sido «Change we can believe in» (es un cambio en el que podemos creer). Obama encara su ruptura en el hecho de ser el primer candidato afroamericano y el sentido que le da a su mensaje va en esa dirección, pues lo muestra creíble, auténtico, confiable, algo que es apoyado por voces de otros desde una narratividad que en su campaña de 2008 lo acerca a la gente con acciones en medios de comunicación, en territorio y en internet.

Metáfora del HOMBRE COMÚN. Es la que construye un candidato que se muestra como sus electores. «Yo soy un tipo común», decía De Narváez en 2009. Esta metáfora puede servir para aquellos candidatos que no tienen demasiados atributos para diferenciarse del resto o bien porque el escenario electoral necesita de personas cuyos rasgos distintivos no los diferencie de los electores. De hecho, en todas las campañas políticas de los últimos años, todos los candidatos utilizan esta metáfora para complementar la principal, puesto que le da un enorme valor agregado a los recursos de la narratividad.

Metáfora del VOLUNTARISMO. La cantidad de candidatos y candidatas que construyen su identidad con anclaje en esta metáfora es mucha.

En nuestro país podemos nombrar a Daniel Scioli y a Florencio Randazzo. El ejemplo foráneo en este caso es el de Nicolás Sarközy, quien asume la presidencia de Francia en 2007 siendo copríncipe de Andorra y gran maestre de la Legión de Honor y construye una identidad de dirigente que hace y que, además, lo comunica —incluso algunas cosas ligadas con su vida privada o sus negocios—.

Metáfora del ÉXITO. Si bien la campaña de Mauricio Macri fue pensada en el marco de la necesidad de un cambio, bien podrían haber construido su identidad fortaleciendo su realidad de empresario exitoso, aunque es probable que no haya sido necesario porque, en general, muchos argentinos consultados oportunamente tenían incorporada la creencia de que «como Macri tiene plata, no va a robar». El caso de Silvio Berlusconi cabe como ejemplo: empresario, periodista deportivo, magnate y líder de Forza Italia, llegó a presidente del Consejo de Ministros de Italia construyendo su posicionamiento en el marco de la metáfora del éxito en los negocios, como garantía de éxito para resolver los problemas de su país, generando la confianza necesaria en los electores, ya que lo eligieron tres veces.

Una vez que definimos sobre qué metáfora construiremos la identidad de nuestro candidato, vamos a ocuparnos de proponer un slogan principal que estará ajustado a su inspiración[6]. Parafraseando a Lakoff (2004), hablamos de pensar ideas que funcionen como directrices imponiendo disciplina a los mensajes, puesto que al usar correctamente el lenguaje enmarcamos esas ideas que, repetidas una y otra vez, se instalan en el imaginario social.

En la siguiente etapa, comenzaremos a trabajar sobre el discurso general de la campaña política, el cual es narrativo, argumentativo y ordena la totalidad de los mensajes de la campaña. De este modo, no habrá contenido que no esté impregnado de las ideas del discurso general, lo cual vale para cualquier mensaje que se dé a través del medio que sea (notas, posteos, textos mediáticos, audiovisuales, etc.). Lamentablemente, muchos políticos y personas cercanas a ellos ven en este trabajo y el que sigue una pérdida de tiempo. Sin embargo, no solo ordena la campaña, sino que es vital para persuadir a los electores y posicionar a nuestro candidato con esos atributos identitarios fuertes y coherentes de los que hablábamos más arriba. En este sentido, dice Xavier Ruíz Collantes (2019) que el relato político:

---

6 Puesto que los electores tienen que creerle, no podemos ofrecer lo que nuestro candidato no es o no tiene. En cambio, con la metáfora elegida, debemos fortalecer esos atributos de identidad que los electores esperan y proyectarlos de manera tal que la brecha entre lo que dice ser nuestro candidato y aquello que los electores dicen de él sea lo más corta posible.

> *«(...) debe ser creíble para los (...) electores (...) pero, sobre todo, debe ser funcional respecto a sus demandas, sus carencias, sus aspiraciones que en un discurso pueden ser puestos en juego. Los discursos políticos electorales serían, por tanto, fundamentalmente relatos que explican y dan sentido a lo ocurrido en el pasado, a lo que ocurre en el presente y a un proyecto de futuro que se plantea como propuesta y que está por construir»* (p. 21).

Puesto que los discursos políticos son narraciones, en una campaña política la narrativa deberá identificarse con las creencias de los electores, para lo cual debemos transformar la vida de nuestro candidato en un relato contado por él y contado por otros. Al respecto, el ya citado Carlos Fara (2014) dice que tenemos que construir historias para que la gente se sienta mejor con la suya. Las claves de esa narrativa son: apelar a lo emocional y de ahí a la razón; seguir la lógica de los *targets* usando marcos familiares para introducir mensajes, puesto que no es lo que le gusta al candidato, sino tener en cuenta los contextos que la gente tiene en su cabeza, para lo cual hay que investigar; usar palabras clave que remitan a las emocionalidades con las que los electores se identifiquen para generar apoyo de ellos; pensar cuestiones morales; estructurar narrativas con héroes, villanos y víctimas, con principio, con desarrollo y con un fin; debilitar los argumentos de nuestros contrarios llenando de sentido la percepción de nuestros electores para que no puedan llegar los relatos de nuestros adversarios; no copiar campañas de otros países o ciudades, puesto que los esquemas narrativos son propios de cada cultura.

La gente y el candidato son los protagonistas del relato de la campaña, en tanto el resto de los políticos deben acompañar. Esto es: si hablan, deben hacerlo acerca de la gente y del candidato, pero no como se les ocurre, sino con contenidos producidos o relevados por el equipo de comunicación. Algo tan simple genera tantos conflictos, tantos enojos y tantas discusiones, puesto que todos aman a su candidato, pero nadie quiere dejar de ser protagonista y sentirse una celebridad que logre un puñado de *likes*.

Recordemos también que es necesario poner el foco en nuestros marcos y no en los de nuestros competidores, ni siquiera negándolos, ni tampoco riéndonos de ellos. Es fundamental no evocarlos de ningún modo y bajo ningún concepto —tal como ya explicamos—. En las redes sociales, en los medios masivos de comunicación y en las acciones territoriales, el candidato y sus adeptos no remitirán a nada que tenga que ver con sus oponentes.

Gestionaremos una narratividad que dé idea de cercanía (empatizar con los electores quedando implicados en sus territorios, visitándolos, etc.) y que genere mecanismos de identificación utilizando recursos que humanicen al candidato y lo muestren detrás de bambalinas —la familia (en la campaña de 2015, la imagen familiar de Macri le dio muy buenos resultados, mostrando solo a la hija que tiene con su actual pareja); los fines de semana y las vacaciones (el matrimonio Kirchner hizo una producción fotográfica en el sur que apuntaba, según se comenta, a atraer inversiones y que tuvo mucho éxito entre la ciudadanía); el deporte (sabemos que Barack Obama es un amante del golf); las acciones gastronómicas (recordemos dos ejemplos locales que servirán para no imitar: el de Sergio Massa encendiendo la parrilla en camisa clara y el de Francisco De Narváez cocinando con un libro de recetas en la mano y la cocina apagada); las mascotas (pensemos en lo que significó Dylan Fernández, el perro del candidato del Frente de Todos Alberto Fernández, en la campaña política de cara a las PASO 2019 en las redes sociales, especialmente Instagram; o en la Chancha Pelota, la mascota de Felipe Solá, con gran protagonismo también)—.

Debemos prever con mucha atención y especial dedicación el posicionamiento del candidato ante un público no politizado. Por esta razón, es muy importante que participe en programas de entretenimiento —ya sea televisivo o radial— y otorgue notas a medios gráficos del género, ya que son espacios en los que pueden dialogar de otra cosa que no sea la política, donde pueden compartirse relatos creíbles y altamente empáticos con electores a los que no les importa la política ni los políticos —son un porcentaje muy pero muy muy elevado del electorado—.

Todos los mensajes serán claros, simples y estarán en justa sintonía con la campaña y su discurso general. Estarán escritos en positivo y serán adecuados a cada medio en el que los publiquemos. Pondrán el foco en la gente, sus necesidades, sus expectativas y sus ideas para atraer a los públicos y para que no sientan que se les está mintiendo. Como ya dijimos, reforzaremos nuestros mensajes con testimonios y, por último, generaremos una relación activa con los electores proponiendo ideas que estén en sintonía con sus expectativas y necesidades. Construir relatos del hombre común con emocionalidad es la clave. Dice Carlos Fara (2014):

> *«Ningún relato exitoso se crea en el vacío, no se lo inventa como un guion de cine, sino que se buscan apoyos en conocimientos simbólicos previos, con hechos históricos importantes, fundantes. Es por eso que no se puede pensar el relato ajeno a las percepciones que posee el público sobre la realidad (...) Si la inseguridad es percibida con profundidad y la tranquilidad/seguridad es una piedra basal del relato, es claro que tarde o temprano terminará ajándose»* (p. 24).

Ya nos centramos en las características de los mensajes y el relato. Resta mencionar que la definición de estos y sus estéticas van a depender del foco comunicacional donde los fijemos y que ello no debe descuidar al resto de los públicos. Por ejemplo, si el candidato les habla a los jubilados proponiéndoles mejoras, hablándole a ellos puede dirigirse al resto de los electores: trabajadores que aportan, hijos de los jubilados, personas próximas a jubilarse, obras sociales y empleadores, entre otros.

Por último, los contenidos también van a adecuarse a los medios que se utilicen para hacerlos circular. De este modo, estarán diseñados y producidos en virtud del soporte y el formato de cada canal de comunicación en el que los coloquemos. Hablamos de microsegmentación porque atiende a las necesidades y expectativas de cada grupo y de cada medio. Aunque ello implique más trabajo de producción de contenidos, va a redundar en una comunicación más eficaz y estéticamente más agradable.

LA PRESENTACIÓN

Es importante que el candidato muestre un equilibrio entre su corporalidad, sus palabras y sus emociones, puesto que nos comunicamos con emocionalidad y mediante palabras, calidad de la voz y el cuerpo (posturas, gestos y expresiones).

Si bien me ocupo de cuestiones vinculadas a este tema en forma más completa en el capítulo cinco —donde hay un abordaje más profundo sobre la comunicación no verbal—, es importante señalar algunas consideraciones pertinentes a la hora de producir presentaciones en distintos escenarios y actos que forman parte de una campaña política o una gestión institucional.

En una presentación ante un grupo de personas, el 55 % del impacto lo determina la postura, los gestos y la mirada; el 38 %, el tono de la voz, y tan solo el 7 % está dado por su contenido. Según Joseph O´Connor y John Seymour (1990):

«(...) el lenguaje corporal y el tono marcan una enorme diferencia en el impacto y el significado de lo que decimos. No es tanto lo que digamos sino cómo lo digamos lo que marca la diferencia. (...) La tonalidad y el lenguaje corporal determinan que la palabra "hola" signifique un simple reconocimiento, una amenaza, una humillación o un agradable saludo. Los actores (...) no trabajan con palabras, practican tonos y lenguaje corporal. Todo actor debe ser capaz de dar, al menos, una docena de matices diferentes al significado de

la palabra "no". Todos nosotros damos muchos matices de significado en nuestras conversaciones cotidianas y, con toda probabilidad, también tenemos una docena de maneras diferentes de decir "no", sólo que no somos conscientes de ello» (p. 48).

La forma en la cual nuestro candidato se presenta ante sus electores y los puentes que logra tender con ellos tienen que ser lo suficientemente coherentes como para provocar una empatía tal que genere vínculos de confianza y credibilidad hacia su figura.

Asimismo, si entendemos que las emociones nos vinculan con los otros es necesario que estén en equilibrio. Aunque no es moneda corriente en una campaña política, será importante que el candidato entrene el reconocimiento de las emociones que lo gatillan y pueda gestionarlas a su favor.

Para que una presentación sea eficiente, no solamente es necesario que el sonido sea bueno, el marco agradable, la música amena y que, si es al aire libre, el sol esté adelante para no arruinar las fotos. También deberán tenerse en cuenta otras cuestiones que señalo sintéticamente a continuación:

En primer lugar, el candidato debe conocer quiénes son sus destinatarios, como así también cumplir con el tiempo acordado y conocer el tamaño del escenario y las características. Si integrara un panel, debería saber quiénes lo acompañarán y de qué hablarán los compañeros de escena.

El discurso que pronuncie el candidato debe ser corto, conciso y concreto —lo cual le dará autoridad y lo hará sonar convincente—. Esto no significa que no tenga un conocimiento acabado de cada tema que aborde.

Para llegar a todo el auditorio y empatizar con la mayor cantidad de personas posible, es importante que utilice recursos que lleguen a la mayoría, es decir, que focalicen en aspectos paralingüísticos, lingüísticos y corporales —entendiendo que hay personas que son visuales, auditivas o kinestésicas—.

En relación con la indumentaria, esta tiene que ser acorde con el escenario, con el momento en el cual se realice la presentación, con su conformación corporal y el color de la piel y el cabello del candidato. Menos es más.

También tiene que poder improvisar y transformar una situación inesperada en una oportunidad. Las emociones deben fluir en toda su presentación con el propósito de conectar con la gente. Hacia el final, puede demostrar una mayor alegría sin que se vea eufórico —sobre todo si se trata de una presentación que no tiene como público militantes de su partido político o personas afines a su candidatura—.

Durante el evento, puede haber música y elementos festivos si fuera oportuno.

Si está de pie, es ideal que hable desde el centro del escenario y que haga contacto visual con el público. En los cierres, generalmente hay aplausos y estos pueden agradecerse con devolución de aplausos.

Estas líneas indican la importancia de que una campaña política no quede en manos de cualquiera. La lista de expertos que señalo como necesarios para conformar un equipo de comunicación eficiente va en este sentido.

MÁS ENCUENTROS, MENOS LITURGIAS

El título de este apartado apunta a reflexionar sobre qué características tendrían que asumir las acciones territoriales de los políticos en tiempos en los que la política está devaluada y el activismo de los autoconvocados va por delante de los partidos, la política y los políticos.

Hablar de vieja o de nueva política no es más efectista que original. La política es la política. Antes y hoy. El punto crucial es evaluar dónde está parada hoy, repensarla y hacerla no solo convocante y atractiva, sino, además y sobre todo, confiable, honesta, despojada y transparente.

El ecosistema en el que vivimos los habitantes del nuevo milenio nos pide ser originales y creativos, y esto incluye lo que pretendamos poner en juego cuando salimos al territorio para buscar intercambios sociales y ganar electores.

La estética del activismo ciudadano viene ganando por goleada a las grandes liturgias de los partidos políticos tradicionales. Hace unas décadas, los movimientos autoconvocados son los que generan acciones disruptivas: los cacerolazos de 2001 en Buenos Aires; las dos marchas (a favor y en contra) por el tratamiento del proyecto de Ley conocida como «la 125» (Argentina, 2008); el 15M de los indignados en la España de 2011; Ni Una Menos (de Argentina al mundo, desde 2015); y la protesta global contra el cambio climático, en vísperas de la cumbre de la Organización de Naciones Unidas, en 2019. Esta micropolítica del acontecimiento y la resistencia ciudadana lleva la delantera y deja atrás a la política tradicional.

Hace muchos años, Toni Negri entrevistó a Gilles Deleuze y, en referencia al Mayo Francés, le preguntó cómo sostener el fulgor del acontecimiento y este le respondió:

> *«No hay que sostener nada; sólo hay que producir microacontecimientos todos los días. Porque los fenómenos de producción de nuevas subjetividades son los que producen el devenir*

revolucionario, que hoy es tal vez más importante que la revolución. Eso es la micropolítica»[7].

El famoso «que se vayan todos» de 2001 en la Argentina parece reeditarse en términos de falta de credibilidad en la política y los políticos en todo el mundo. En la actualidad, está vigente la idea de «pospolítica» que niega lo político y que, tal como la sugiere Slavoj Zizek, es la gestión técnica y eficiente de los asuntos sociales.

En este contexto, los políticos deberían evaluar el «para qué» de su presencia en los territorios y coordinar acciones más íntimas, más humanas, más ligeras. Es decir, llegó la hora de definir qué modalidad de contacto territorial van a establecer la política y los políticos con sus ciudadanos/electores. Por ejemplo, habrá que dejar de lado aquellas reuniones barriales que los referentes, militantes, punteros o voluntarios organizan para quedar bien con el político y, en su lugar, gestionar encuentros con electores que pueden orientar su voto a favor del candidato.

Es hora de comprender que los actos multitudinarios y costosos no tienen buena prensa. Ya no va más la organización de encuentros políticos donde solo habla una persona y el resto escucha pasivamente. La estética de juntar gente tiene olor a naftalina. Hoy son mucho más potables los encuentros reducidos, sencillos, más íntimos y renovadores, puesto que en ellos el candidato puede tener contacto real con los electores sin intermediarios, sin distancias, en forma directa.

EL MEDIO MODELA EL MENSAJE

Que el medio modela el mensaje no es solamente un título. Es una declaración. Publicar en distintos medios hoy en día conlleva a producir contenidos específicos y diferenciados para cada uno de ellos —tanto desde el punto de vista discursivo como desde el punto de vista estético—.

Es necesario que lo que nuestro candidato emita esté en sintonía con lo anterior y, sobre todo, que no esté fuera de época, para que los electores se sientan atraídos por aquello que tenga para decir. Lograremos esto si adaptamos los contenidos a los distintos formatos y soportes comunicacionales. En tanto, si no lo hacemos, es muy posible que los electores los pasen de largo.

---

7   Citado por Eduardo «Tato» Pavlovsky en Página/12, en «Micropolítica», nota publicada el 6 de enero de 2002, disponible en https://www.pagina12.com.ar/diario/elpais/subnotas/515-323-2002-01-06.html (recuperada el 22/9/2019).

Para el caso particular de internet, es interesante ofrecer como ejemplo (sobre algo que ya suponíamos) algunos datos de una investigación[8] que realizó la consultora Taquion, en diciembre de 2018, sobre jóvenes menores de 34 años. Los resultados nos dicen que el 77,7 % de los jóvenes con Facebook descarta seguir a un político, y el 83,6 % con Instagram prefiere evitarlos; el 84 % de los jóvenes evita opinar sobre política en Facebook y el 92 % en Instagram; en tanto 9 de cada 10 jóvenes descarta consultar el perfil de un político antes de votar. Con estos datos, queda más que claro que no hay demasiado para agregar. ¿Preocupante? Para nada. Solo es cuestión de ajustar la elección de los medios que vamos a utilizar para que el candidato genere una comunicación eficaz con los electores.

Ahora volvamos a la especificidad de los soportes, formatos, mensajes y estéticas de los medios de comunicación con la gente. Dijimos que los electores no solamente esperan contenidos en las redes sociales e incluso también dijimos que, en un altísimo porcentaje, los ciudadanos prefieren recibir información a través de medios tradicionales y en territorio. Para que esto salga bien, no solo debemos prever un presupuesto que nos garantice la llegada mediante comunicaciones directas con los electores, sino que será necesario tener una relación empática con la prensa. Cuando digo «empática» no solamente me refiero a estar en contacto y facilitar la información y los contenidos para ilustrarla, sino también a la planificación de pautas publicitarias.

Los periodistas son un público muy importante al que no siempre se le da la relevancia que merece. No nos olvidemos que los discursos periodísticos son instancias de mediación entre nuestra comunicación como equipo de campaña y sus públicos —que no necesariamente son los nuestros—. Por esta razón, es recomendable mantener una buena sintonía con ellos y facilitarles el trabajo (los espacios donde se mueven los trabajadores de prensa no siempre cuentan con equipamiento para que puedan realizar una labor que le conviene tanto al candidato como a su equipo de comunicación).

Mi experiencia con este sector indica que debemos ser muy eficaces a la hora de relacionarnos con ellos, tanto si cubren eventos periodísticamente como si enviamos información para publicar. Sugiero que los informes de prensa de los candidatos incluyan una redacción adecuada a cada medio y que sean acompañados siempre por imágenes fotográficas o de video (*spots*, gifs, etc.). La mejor estructura narrativa de estos informes —gacetillas o comunicados— es la técnica de la pirámide invertida que destaca los puntos relevantes y cuadros con datos adicionales, si fueran necesarios.

---

8 Disponible en http://www.taquion.com.ar/wp-content/uploads/2018/12/JOVENES-Y-RE-DES-SOCIALES-Prensa-Final.pdf (Recuperado en 17/08/2019).

Asimismo, es importante ofrecer una convocatoria anticipada de actividades programadas del candidato, un servicio de agenda con programación para facilitar la organización del trabajo de los periodistas y medios, y garantizar su presencia en actos, reuniones, etc. Vuelvo a repetir la importancia que reviste contar con una planificación de pauta publicitaria ordenada que permita invertir en un plan de medios para garantizar presencia, un discurso mediático favorable y, en el caso de la televisión, poder negociar tener la última palabra en un programa de opinión política o en un debate. También es conveniente destinar una suma importante para el entretenimiento televisivo —tal como fundamenté con anterioridad—.

La tecnopolítica merece un tratamiento aparte, de manera que nos encontraremos con ella en el capítulo que sigue.

CAPÍTULO 4
TECNOPOLÍTICA Y COMUNICACIÓN

Los analfabetos del siglo XXI no serán aquellos que no sepan leer ni escribir,
sino los que no puedan aprender, desaprender y reaprender.
Alvin Toffler

Los cambios están a la orden del día. Las actualizaciones, a tan solo un clic de nuestros ojos. En este marco, la tecnopolítica llegó para quedarse y, como era de esperar, generó un fuerte y novedoso impacto en la política. Digo novedoso porque, si bien las campañas políticas siempre desplegaron técnicas para captar el voto de los electores, la complejidad y la multiplicidad que adquirieron con el desarrollo de las tecnologías de la información y la comunicación es inédita.

¿Qué es la técnica sino la manera de hacer surgir lo que está oculto y, en nuestro caso, hacer visible lo que tenemos para ofrecer? —la promesa que es para el mundo nuestro candidato—. Técnica es sacar el velo. Técnica es producir, aunque no en el sentido de la producción económica, sino en el sentido poiético de la creación y la sabiduría —la alétheia de la que habla Martin Heidegger[1]—.

En la actualidad, las posibilidades de visibilizar propuestas y personalidades son tantas como nunca antes. A la campaña territorial y mediática tradicional, hoy le sumamos una gran cantidad de alternativas del mundo

---

1   Filósofo alemán, uno de los más influyentes del siglo xx.

digital para que los candidatos políticos puedan posicionarse ante los electores utilizando técnicas y herramientas de ese universo.

Ya vimos en capítulos anteriores que el uso de estos medios requiere de expertos y de políticos que comprendan que son espacios de escucha que además sirven para analizar el devenir de la campaña y la interacción con los usuarios. Asimismo, los políticos deben comprender que su presencia en las redes sociales no termina cuando llega a su fin la campaña política, sino que es fundamental que continúen interactuando con sus seguidores —sea cual sea el resultado de las elecciones—. Por último, es fundamental el monitoreo y la métrica de reputación en las redes, puesto que los electores presentes conversan entre ellos apoyando o atacando al candidato.

Lo cierto es que los políticos están bastante lejos de hacer las cosas bien en internet. Una puede ver intentos. Sin embargo, se quedan en eso: intentos. Comunicar en internet no es hacer lindas historias de Instagram o pagar a una agencia de publicidad para postear un *spot* acompañado por un texto que no dice nada interesante. Parafraseando a Antonio Gutiérrez Rubí (2018), la política se resiste a salir de su zona de confort para experimentar abordajes más innovadores. Lo cito:

> *«Ver y conocer. Comprendemos cuando vemos. Ese es el núcleo del pensamiento complejo: la capacidad de imaginar. Esta es una de las razones por las que sorprende el bajo nivel de soluciones y propuestas de pensamiento visual aplicada a la política. Y el desconocimiento profundo de las aplicaciones, procesos, herramientas y posibilidades que se esconden detrás de él. Este déficit en el conocimiento de mapas mentales, cartografías de conceptos, data art, visualizaciones e investigación de datos, infografías es, en parte, un déficit técnico que esconde o camufla algo más profundo: la política formal pareciera incapaz (o se resiste a salir de su zona de confort) para experimentar otras visiones -y sus interpretaciones- de la realidad menos ideológicas (que ya tienen las respuestas para todas las preguntas), en beneficio de unos abordajes más innovadores (donde lo relevante son las preguntas). (...) Sin mapa mental, la política no tiene brújula. Es imprescindible un injerto del pensamiento visual en la cultura política tradicional»* (p. 36-37).

No estamos en tiempos de grandes y extensas narraciones. Pensando en Lyotard[2], podemos decir que vivimos en una época en la que fueron abandonados los grandes relatos y que han sido reemplazados por otros más pequeños que facilitan la vida, haciéndola más sencilla. Son tiempos de propósitos alcanzables: escurridizos o líquidos a la manera de Bauman[3], blandos si seguimos a Vattimo[4]. Asistimos a una multiculturalidad habitada por quienes creen haberse liberado de dogmas e ideologías para identificarse con un híbrido que atraviesa la sociedad como fantasma de la apolítica. Es una época de eficientización milimétrica del tiempo y, en esta línea, los usuarios de las redes sociales no lo pierden leyendo textos kilométricos. En la actualidad, los medios sociales están consumando el sueño de la sociedad veloz y dromocrática de la que hablaba Paul Virilio[5]. Parafraseando a Leonardo Marcos Oittana (2015), diremos que el progreso dromológico transcurre de acuerdo con el anhelo de ser pura velocidad.

Sobre este andamiaje de pensamiento, las redes sociales tendrán más o menos éxito en virtud de cómo trabajemos el espacio en el que aparecen los contenidos que vamos publicando y que compiten con otros contenidos que publican otros usuarios. Para ganar esa competencia o mínimamente ser parte de ese mundo, la política y los políticos deberán *aggiornarse* y tener presente que cualquier persona que tenga un teléfono inteligente lo usará para ingresar en sus redes sociales personales más de cincuenta veces por día.

Estoy casi segura de que hay cierta intuición de tal situación, puesto que lo primero que solicitan los políticos cuando convocan a un asesor, una agencia o un paracaidista en busca de oportunidades es el relevamiento y la evaluación crítica de sus redes sociales. Generalmente, esto ocurre porque no están conformes con su *engagement*, es decir, el enganche de público que pueden lograr y que incluye la cantidad de reacciones, la calidad de las interacciones y la capacidad de viralización de los contenidos. Lo notable es que esa crítica la piden una y otra vez esperando vaya a saber

---

2 Jean-François Lyotard fue un filósofo, sociólogo y teórico literario francés que abocó su trabajo al abordaje multidisciplinario de la epistemología, la comunicación, el arte, la política y la estética entre otras cosas.

3 Zygmunt Bauman fue un sociólogo, filósofo y ensayista polaco-británico que acuñó el concepto de «modernidad líquida» como característica de las sociedades globales.

4 Filósofo italiano de la posmodernidad, seguidor de la corriente hermenéutica y discípulo de Hans-Georg Gadamer.

5 Teórico cultural, filósofo y urbanista. Nació en 1932 y murió en 2018. Escribió sobre el desarrollo de la tecnología y la velocidad, y su relación con la sociedad y el poder político. Acuñó el concepto de «dromología» en su estudio sobre la aceleración de las transformaciones históricas y cómo impactan en los seres humanos las nuevas tecnologías, las nuevas formas de tiempo, el mundo virtual y el ciberespacio, entre otras cosas.

qué cosa, puesto que lo que ocurre, en realidad, es que la gran mayoría de los políticos no entregan sus redes sociales. ¿Qué significa entregarlas? No tener acceso a ellas y respetar las decisiones del equipo de comunicación respecto de qué se publica y qué no. Imaginarán los lectores que esto no ocurre, ya que, en su gran mayoría, los políticos —cuando no sus hijos, maridos, esposas, novios, novias y afines— deciden qué publicar y cómo hacerlo, con un total y preocupante desconocimiento sobre cómo fidelizar ese *engagement* que tanto les preocupa. Recuerdo una ocasión en la que la pareja de un político me dijo hasta qué corazoncito debía tener un posteo. Sin palabras.

Por otro lado, ya hemos dicho que la política sobreestima los medios sociales peligrosamente y, si bien es cierto que no pueden estar fuera de la agenda de comunicación, también lo es que son tan solo una parte junto con los tradicionales y las acciones en el territorio. No hace mucho, en un relevamiento realizado en el conurbano, un porcentaje elevadísimo y mayoritario afirmó que aún prefieren informarse en papel.

En este juego de tensiones y de articulaciones, la mirada profesional es fundamental para decidir estratégicamente. En líneas generales, diremos que los contenidos que publiquemos en internet serán la base del *engagement* de los electores siempre y cuando incluyan historias en formatos adecuados a cada medio social, *tagueadas* y si es necesario, *linkeadas*.

Veamos un ejemplo que ilustre qué dirá y cómo cada medio de comunicación. El hecho que comunicar es la visita de un candidato a una organización barrial que desarrolla una jornada recreativa dirigida a niños y niñas en situación de vulnerabilidad. Cada medio publicará un contenido diferente y ajustado a los públicos que los habitan. De este modo, Twitter tendrá una foto emotiva con un texto que posicione al candidato en la agenda política. Por su parte, Facebook e Instagram publicarán una historia entre estas opciones: un breve video editado con música (hay aplicaciones para celulares que facilitan este trabajo en el momento) o un *boomerang*; en tanto en sus *feeds* postearemos una imagen que haga la diferencia, donde sobresalgan rasgos de emocionalidad que será acompañada por un texto de no más de cuatro líneas que no describa la imagen —ya que la narratividad está ya en ella y no en lo que el candidato tenga para decir—, sino que sea una frase más bien inspiracional y una afirmación emotiva sobre el hecho o momento vivido. Linkedin no publicará nada. Habrá cobertura periodística para enviar a la prensa una gacetilla informativa acompañada por imágenes de la jornada (puede ser un *spot* o fotografías). Publicaremos una crónica breve y amigable en el sitio web oficial del candidato junto con algún *spot* de corta duración (no más de 50 segundos) y/o galería de imágenes emotivas con opción a descarga. Youtube publicará los *spots* o videos que editamos para publicar o enviar. Las redes sociales pueden publicar un enlace al sitio oficial para economizar palabras.

Vemos la relevancia que comporta comprender que cada medio ofrece a su público un producto comunicacional diferente y adecuado a su especificidad narrativa y estética. Además, es muy importante la narrativa transmedia que despliegue la historia y cómo estén conectadas las piezas de comunicación en los distintos medios —por ejemplo, un *hashtag* que las identifique, la geolocalización si fuera pertinente o un etiquetado, etc.—.

Este universo confirma el gran trabajo experto que tiene y requiere la tecnopolítica a la hora de comunicar en una campaña, sea política o institucional. No solo porque permite una creatividad inédita con modos de hacer accesibles, sino por las formas de comunicación que ofrecen los medios sociales en materia de escucha. Las redes dan la palabra habilitando la opinión de los seguidores en todo momento y esto es algo que les da un valor agregado, ya que nos permite salir de ellas y pasar a la comunicación más territorial y directa con los electores —y arreglar encuentros con quienes comenten en un posteo, por ejemplo—.

Tengamos presente que aunque la tecnopolítica sea solo una parte de la comunicación, si no se la incluyera, la política y las instituciones irían directo al fracaso —algo que veremos más adelante, cuando analicemos los números que ilustran su relevancia en la actualidad—.

COMUNICACIÓN DIGITAL Y POSICIONAMIENTO ESTRATÉGICO

De todo lo que vengo diciendo en este libro podemos inferir que las organizaciones en general y los personajes públicos —entre ellos los políticos— que no incluyen un programa de comunicación digital como parte de un plan integral de comunicación, están condenados a fracasar.

Para hacer una campaña política, tendremos que investigar cuáles son las herramientas de comunicación digital más adecuadas para ser utilizadas en un proyecto político que apunte a su posicionamiento estratégico. Asimismo, habrá que decidir qué tipo de contenidos serán producidos para incluir en este sentido.

La comunicación digital hoy incluye los siguientes medios: publicaciones periódicas y multimediales digitales; sitios web corporativos en diálogo con las plataformas digitales; aplicaciones de servicios, de comercialización, de gamificación y de educación, entre otras, para dispositivos móviles; y cuentas en redes sociales y de información que permitan generar comunidades virtuales —Facebook, Twitter, Instagram, Youtube, Whatsapp y Linkedin son las más recomendables, por la cantidad de seguidores—. Asimismo, es interesante tener presencia en Spotify para compartir listas de música abiertas que generen empatía con los seguidores, o podcasts con buena producción estética y temática para los que se animen a más.

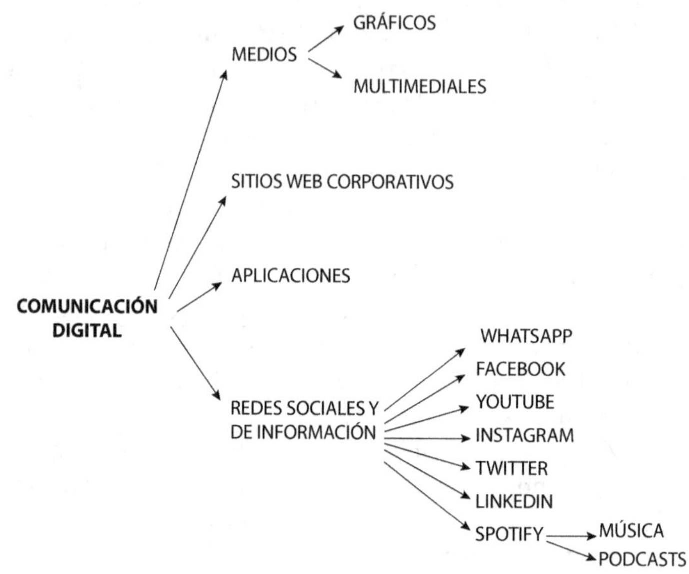

Cuadro 9: Los infaltables.

EL SITIO WEB

Debe ser amigable, pero, por sobre todo, adecuarse a estándares de calidad que cualquier espacio en internet debería cumplir. Para que esto sea un hecho, es deseable que un producto comunicacional de este tipo responda a la tríada: acceso a la información, navegabilidad y usabilidad —que haya información suficiente, que se la pueda encontrar y que sea útil—.

Cuando una persona ingresa a un sitio web debe sentirse cómoda y segura, pues debe sentir que habita un espacio en donde está disponible aquello que busca y que lo invita a quedarse navegando. Esto dará a los buscadores de internet información respecto del valor que les dan los usuarios, lo que mejorará su posicionamiento y logrará una mayor visibilidad —vemos como ejemplo el famoso SEO[6] o cuanta gente llega y se queda,

---

6 Conjunto de acciones de optimización de un sitio web para lograr posicionamiento en los buscadores de internet.

o qué hacen los usuarios que se quedan navegando o cuánto *engagement* tiene ese sitio para que los usuarios no lo abandonen—.

El secreto del éxito de un sitio web político o institucional está en el grado de *engagement* que tengan su contenido, su diseño (de plataforma y de *branding*) y su navegabilidad. Si hablamos de un espacio en internet para un candidato político, es deseable que contenga secciones de contenido tales como hoja de vida (bio), propuesta de gobierno, blog de noticias, galería de imágenes y videos (con opciones de descarga), accesos directos a los medios y redes sociales (incluido Spotify, si tuviera listas de reproducción de música canciones y/o podcasts[7]), plataforma de contacto, invitación a realizar aportes, gamificación (si hubiera propuestas), descarga de aplicaciones, declaración jurada y acceso a medios de comunicación, entre otras cosas.

LAS REDES SOCIALES

En principio, es importante decir que no solo deben unificar criterios de comunicación de marca (*branding*), sino que tienen que tener un especial cuidado con los contenidos, y adaptar los formatos a cada una de ellas, pues cada red social tiene especificidades no solo en materia de diseño de imágenes, por ejemplo, sino, además, en relación con sus habitantes.

Entre muchas otras cuestiones que no nombraremos porque este no es un manual de administración de redes sociales, es importante que un político las mantenga actualizadas, tanto a los espacios de publicación de contenidos (muro, *feed*) como a sus bandejas de mensajes privados, puesto que en ellos muchos seguidores establecen conexión con el político, y mi experiencia indica que suele ser antesala para acciones territoriales de captación de más electores. Asimismo, en materia de privacidad, las redes de un funcionario o un político deben ser configuradas como públicas.

Youtube es el soporte para que el candidato tenga su canal desde donde realice transmisiones en vivo y donde podrá subir todas las entrevistas de radio y televisión —completas y/o editadas—, *spots* de publicidad y audiovisuales que se produzcan.

Instagram es el espacio ideal para publicar contenido emotivo, para que el candidato muestre su lado b y cuestiones vinculadas con su vida personal que lo asocian a la metáfora del hombre común y promueven la identificación con los usuarios. Si bien el uso de esta red se popularizó en el último tiempo, la segmentación publicitaria ideal es de 18 a 35 años.

---

7   Episodios de programas o grabaciones de audio y/o video originales o de notas en medios, programas, clases, charlas TED o cualquier otra actividad que desee publicarse en este formato.

Facebook es la red de los votos y sugiero una segmentación publicitaria para un *target* de más de 35 años. El contenido debe ser emotivo y semejante al de Instagram (el mismo no, hay que diferenciarlo), además de lo menos informativo posible (si hubiera, por ejemplo, una nota periodística o de TV que queremos difundir, lo ideal es postear una imagen alusiva, dos líneas para titular con enganche y el enlace hacia afuera de la red). Cuando se trata de políticos, lo ideal es que solo tenga una cuenta[8] en esta red, puesto que tiene número ilimitado de cantidad de seguidores y permite hacer publicidad. Es importante que los políticos tengan solo una página de fans en este espacio, dado que no tiene límite de seguidores y permite hacer publicidad y microsegmentar —si tuviera una cuenta de usuario de amigos y una fan page, debe cerrar la primera, ya que no solo compite con la segunda, sino que lo hacen las publicaciones afectando su rendimiento—.

Twitter es el espacio en el cual hablamos con los medios, los periodistas, *influencers* y con otros políticos. Es fundamental utilizar esta red de información teniendo en cuenta la/s tendencia/s, y publicar informaciones breves y de actualidad. Si el candidato se suma a la ola tendencial, sus *tweets* tienen más posibilidades de rendimiento.

Linkedin tiene llegada a los segmentos profesionales, empresarios y de información especializada y académica. Es una red en la que puede estar un candidato cuyo perfil se adapte a ella, si no, no tiene razón para estar allí.

Whatsapp es una red en la que podemos compartir historias de contenidos múltiples para que todos nuestros contactos de agenda puedan ver y compartir. Nos permite organizar grupos de difusión para votantes duros (cuyos números telefónicos tenemos gracias a la investigación que nos permite sistematizar una base de datos). Posibilita mantener grupos internos para impartir indicaciones o material multimedia, garantizando y/o reforzando la circulación de todo aquello que deseemos hacer circular. Esto vale también para Telegram y para Wechat. Con respecto a Whatsapp, Antoni Gutierrez Rubí (2018) afirma que el equipo de campaña que antes entienda su importancia, antes podrá aprovechar sus capacidades, así como lo que llama Life Mobile Style (estilo de vida móvil) —«(...) el concepto más transformador del comportamiento social e individual que hemos conocido hasta ahora» (p. 49)—.

Es importante que los políticos puedan comprender la importancia del manejo creativo, oportuno y pertinente de sus redes sociales, ya que ellas les darán la posibilidad de acercarse a sus electores y lograr una identificación identitaria tal que los mantendrá en contacto. Los vehículos que

---

8   Muchos políticos mantienen activos la fan page y el usuario de amigos, algo que no se recomienda puesto que de ese modo compiten entre sí afectando el rendimiento de las publicaciones.

motorizan ese contacto son los dispositivos con acceso a internet y entre ellos tienen un protagonismo capital los teléfonos inteligentes con todas las aplicaciones portables. Dice el autor citado anteriormente:

> *«La pantalla móvil se ha convertido en el primer espacio de socialización y relación a través de compartir contenidos. Las aplicaciones en smartphones (...) se convierten (...) en una vía/oportunidad para aproximar a personas con intereses comunes a través de la tecnología y resolver sus necesidades reales a partir de la propia iniciativa individual. Whatsapp nos permite socializar y entablar conversaciones cuando lo deseemos. Además, es una herramienta que miramos constantemente, de forma rutinaria»* (2018: p. 48).

NOSOTROS *#HASHTAGUEAMOS*

Podemos decir algunas cuestiones acerca del uso del *hashtag*, teniendo en cuenta que mañana pueden cambiar, puesto que sabemos que las redes sociales tienen recursos que van variando con el tiempo.

Hay que tener muy presente que el *hashtag* tiene fuerza comunicativa porque sirve como vínculo de búsqueda para el posicionamiento de temas. Por otra parte, los usuarios más avezados en el uso de redes suelen navegar tendencias antes de publicar y para informarse.

Hace un tiempo, le dije a una persona que estaba utilizando mal los *hashtag*. Muy ofendida me dijo que lo hacía para destacar alguna cuestión —como si fuera una mayúscula, dijo—. Bueno, quiero aclarar lo mismo que le dije a esta interlocutora: estos recursos de vinculación de publicaciones no deben utilizarse como equivalente de títulos, ni de negritas, ni de mayúsculas, ni sirven para destacar ideas. Tampoco es recomendable utilizarlos porque les parece que queda bien, porque da onda o si no hubiera una cantidad importante de personas que los estén usando en forma simultánea, puesto que será inútil su uso, ya que no darán visibilidad y es lo que teóricamente buscamos al utilizarlos. Si twitteo un #holaatodos, pero la tendencia indica que es #buenlunes lo que está en el podio, seguramente ese #holaatodos no tendrá el mismo éxito que el #buenlunes a todos.

Asimismo, si usamos *big data* para investigar conversaciones, tendencias, etc., en internet y tenemos la certeza de que hay temas que no tienen buena prensa, debemos utilizar esa información a nuestro favor y no hablar de esos temas o al menos no hacerlo usando *hashtag*. Por ejemplo, si mi equipo administra el Facebook de un intendente, la queja más grande de los vecinos en esa red social es la necesidad de obra pública, publico fotos de obras públicas y encima escribo «Avanzan las #obras de #bacheo», tengan por seguro que esa publicación tendrá comentarios, reacciones y viralización negativas.

A continuación, me centro brevemente en las plataformas de Twitter, Instagram y Facebook.

En Twitter, los *hashtag* son utilizados para posicionar temas, marcar tendencias o subirnos a la ola tendencial. Haciéndolo, vamos a tener más chances de lograr mayor visibilidad. Actualmente, se sugiere no utilizar más de tres, puesto que, en ocasiones, la plataforma puede calificar la publicación como *spam* —esta tendencia puede cambiar en cualquier momento—.

Instagram utiliza *hashtag* para clasificar imágenes por temáticas. Admite un número grande y es recomendable utilizarlos siguiendo la tendencia en relación al tema de la publicación —esto también puede ser diferente en un tiempo—.

Por último, aunque Facebook no es la red del *hashtag* —esto también puede variar—, si se lo utiliza, será en campañas puntuales y planificadas donde tengamos la certeza de que será exitoso.

CONTENIDOS A MEDIDA Y EN MOMENTOS CLAVE

Si algo tenemos en común quienes nos ocupamos de estas cuestiones, es poder identificar la importancia de revolucionar los contenidos de los medios sociales para que el *engagement* sea efectivo.

Si ponemos el foco en qué publicamos en las redes sociales en una campaña política, la lista de contenidos incluye: agenda (qué se hizo y qué se va a hacer); programa de gobierno (al comienzo, todo, y a medida que se avanza en la campaña, se hace va haciendo más temático en función de los ejes que elijamos como fortalezas del candidato); efemérides; emocionalidad narrativa; y actualidad/contingencia.

En términos de *engagement,* es importante tener en cuenta que los temas más duros y densos deben publicarse de lunes a jueves en tanto los más light son para viernes, feriados y fines de semana, puesto que así nos conectamos con las emociones de los electores. Las notas radiales son pertinentes por la mañana, al igual que compartir notas periodísticas que le hayan hecho al candidato en la prensa. Los programas de entretenimiento son para la tarde, en tanto los de opinión política, para la noche.

Escribir para redes sociales es una tarea especial. Ser competente y creativo en materia de contenidos es lo que hace que un usuario consuma aquello que nuestro candidato publica en sus redes. Ante todo, es necesario tener en cuenta que requiere ir directo al punto, comenzar con una idea motivadora/inspiracional y luego abordar lo central de la publicación (mínima cantidad de palabras), ya que es la imagen fotográfica que posteemos (que nunca deberían ser más de tres) o el audiovisual (video o gif), los que deben contar con una narratividad suficiente como para no necesitar descripciones que a nadie le interesan y que nadie lee. Excepto Twitter o Linkedin, los usuarios no ingresan a las redes sociales para informarse, sino para conversar con otros, recrearse o distenderse.

Los mejores horarios para publicar en las redes sociales, en el momento en el que estoy escribiendo este libro (septiembre de 2019), son los siguientes:

- Facebook: posteos, de 8 a 11 y a partir de las 19; para las historias, el horario es indistinto.

- Twitter: de lunes a viernes de 8 a 12 y de 20 a 22. Durante el fin de semana no hay movimiento relevante, excepto tagueos masivos y previamente acordados o que aprovechen una tendencia puntual o en alguna fecha especial.

- Instagram: posteos, después de las 18 horas. Para las historias, el horario es indistinto.

- Linkedin: de lunes a viernes, de 8 a 10 y de 16 a 19.

- Youtube: en todo momento.

El candidato que atraiga a sus electores de manera más eficaz será el que ofrezca imágenes portadoras de una narrativa tal que empatice con los electores desde las emociones; el que sea capaz de compartir mensajes que lo distingan del resto por crear realidades en las que los electores se identifiquen; quien ofrezca testimonios de otros que puedan hablar del candidato dando cuenta de que su promesa refleja lo que es; quien hable con los electores en todos los medios y espacios posibles para conquistar su corazón; el que entienda que la gente está más interesada por su vida no pública que por sus propuestas; quien no confronte y llene el campo comunicacional de emotividad. Parafraseando una vez más a Gutiérrez Rubí (2018), diremos que solo recordamos lo que nos hace sentir, soñar, emocionar, imaginar, desear; el resto pasa de largo.

EL JUEGO Y LAS APLICACIONES

La gamificación o ludificación es un conjunto de técnicas de juego que apunta a motivar la concentración, despertar emociones y posicionar un producto o personalidad. Por su parte, las aplicaciones buscan generar empatía con los usuarios a través de la prestación de servicios de su interés (sean estos de gamificación o no). Ambos tipos de oferta posibilitan un aumento en el alcance de productos y personalidades, gracias a una gran viralización que impacta de manera positiva en su posicionamiento.

La gamificación, los juegos y los sorteos son oportunidades que se utilizan con muy buenos resultados para convocar nuevos simpatizantes, mantener vivo el contacto con los que ya nos siguen e incluso viralizar el contenido con el nombre del candidato.

¿A quién no le gusta jugar? Es más, ¿a quién no le gusta ganar? Las veces que organizamos sorteos de entradas, de un libro o de lo que fuera se trató de experiencias de fidelización del *engagement* de la cuenta del político en cuestión.

En el sitio de la Asociación de Comunicación Política (ACOP) —que recomiendo, desde ya— hay una cantidad innumerable de artículos y publicaciones de interés. Entre ellas, hay una publicación[9] en la que Pablo Martín Diez (2017) dice que los buenos juegos poseen todo lo que un candidato necesita para su campaña, ya que son adictivos, provocan emociones y, en consecuencia, se recuerdan.

Los mismos resultados reciben las aplicaciones, teniendo en cuenta que todo lo que pasa hoy cabe en un teléfono inteligente. De la investigación que hicimos antes de comenzar la campaña y de la que hacemos mientras la monitoreamos, puede surgir información para diseñar aplicaciones a medida del electorado. Sugiero las de servicios, sin demasiadas actualizaciones y de un peso tal que no ralentice el teléfono móvil de los usuarios.

HUMOR SOCIAL Y EMOCIONES

Los memes y los *emojis* aportan humor y empatía en un escenario que, como ya mencionamos, dejó de lado los discursos argumentativos. En las redes sociales, estos recursos tienen gran posibilidades de viralización, puesto que son muy versátiles y elegidos por una gran mayoría de usuarios de todas las edades.

En el próximo capítulo, ingresaremos de lleno en el terreno de la comunicación no verbal y la empatía, centrándonos en el uso que los usuarios de la red social Whatsapp hacen de los *emojis*. En las redes, hay muchas cosas que no podemos expresar con palabras, y estos recursos son los que

---

9 Disponible en https://compolitica.com/gamificacion-en-campana-electoral/ (recuperada el 22/8/2019).

facilitan la comunicación de manera más integral, algo que la política no puede ignorar.

Por esta razón, incluyo en este libro una investigación que realicé en el GIC (grupo de investigación en comunicación) de «Comunicación y Oratoria. Pensar la educación a través del Coaching, la PNL y el Teatro», que dirige el colega licenciado Abel Vera Hidalgo, en la Facultad de Ciencias Sociales de la Universidad de Buenos Aires.

Además de aportar información relevante en materia de comunicación no verbal, los resultados de «Conversaciones enredadas» demuestran la importancia que reviste la comunicación digital con sus redes y con sus recursos —los *emojis* en este caso— para un equipo de comunicación que trabaja en una campaña política o en una gestión que se orienten a resultados ganadores.

CAPÍTULO 5
CONVERSACIONES ENREDADAS

El semblante humano (...) toma prestadas
las lágrimas y las sonrisas del semblante humano.
David Hume

Los espacios de «intercambio virtual»[1] comportan campos relacionales altamente relevantes en y para la vida cotidiana de los ciudadanos y las ciudadanas del mundo en la actualidad.

La mayoría de las personas de todas las edades utilizamos aplicaciones y sitios en internet gracias a diversos aparatos tecnológicos con conexión a esa red, que tienen como características sobresalientes la usabilidad, una gran versatilidad y la posibilidad de mantenernos disponibles las 24 horas, los 365 días del año.

Sumado a esto, vivimos una etapa histórica en la cual la palabra «comunicación» fue adquiriendo tal valor social que integra la agenda pública (y «privada») de manera constante. Por ello, creemos conveniente explicar qué entendemos por comunicación en este trabajo, ya que, entre muchas otras cosas, la palabra es utilizada para definir cualquier tipo de relación entre dos personas o más, en todos los ámbitos donde se la practique.

---

1 Lo que aquí llamamos intercambio virtual es una conversación entre dos o más personas que tiene lugar en un espacio virtual o en una plataforma virtual, con presencia en la red internet y que sin esta conexión no podría realizarse.

Los investigadores de Palo Alto[2] hicieron grandes aportes a las ciencias de la comunicación y, en el marco de sus trabajos, la pregunta por la comunicación expresa cuáles son los comportamientos que retiene la cultura para constituir conjuntos significativos. Hablamos de comportamientos que ocurren en un contexto, que son situacionales y que no solo son lingüísticos, sino también no verbales. Al respecto, Yves Winkin (1994) afirma:

> *«La comunicación se concibe como un sistema de canales múltiples en el que el actor social participa en todo momento, tanto si lo desea como si no: por sus gestos, su mirada, sus silencios e incluso su ausencia En su calidad de miembro de una cierta cultura, forma parte de la comunicación, como el músico de la orquesta. Pero en esta vasta orquesta cultural no hay director ni partitura. Cada uno toca poniéndose de acuerdo con el otro. Sólo un observador exterior, es decir, un investigador de la comunicación, puede elaborar progresivamente una partitura escrita, que sin duda se revelará altamente compleja»* (p. 6).

Sintetizando: nos comunicamos utilizando palabras, con una cierta calidad de voz y con nuestro cuerpo a través de gestos y posturas, en un tiempo y un espacio donde, entre otras cosas, hay distancias. De este modo, podemos inferir que, aun estando en silencio y sin movernos, no podemos dejar de comunicar.

Si a lo anterior agregamos que entendemos la comunicación desde un punto de vista relacional, diremos que no será eficaz según los objetivos de quien la emite, sino que el sentido de lo que emitimos se completa en la instancia de la recepción —lo cual me recuerda, por un lado, a una cita que se le atribuye a Jacques Lacan que dice que una persona puede saber lo que dijo, pero nunca lo que el otro escuchó y, por otro, a uno de los supuestos del coaching ontológico que sostiene que uno dice lo que dice y el otro escucha lo que escucha—. En este marco, es innegable que para hablar de una comunicación eficaz, la brecha de sentido que existe entre la instancia emisora y la receptora debe ser lo más corta posible.

Joseph O'Connor y John Seymour (2012) comentan que si bien los porcentajes varían de acuerdo a las situaciones, hay cierto consenso en las investigaciones que demuestra que «(...) en una presentación ante un grupo

---

2   Gregory Bateson, Edward Hall, Erwing Goffman, Margaret Mead, Paul Watzlawick, Yves Winkin y Ray Birdwhistell, entre otros, fueron miembros de la Universidad Invisible —llamada así porque no tenían una sede formal— o Escuela de Palo Alto —nombre de la ciudad ubicada cerca de San Francisco, USA, donde funcionaba el Mental Reserch Institute, espacio en el que investigaban muchos de ellos—.

de personas, el 55 por ciento del impacto viene determinado por el lenguaje corporal —postura, gestos y contacto visual—, el 38 por ciento por el tono de voz y solo el 7 por ciento por el contenido de la presentación» (p. 50). De este modo, no es «qué decimos», sino «cómo lo decimos» —una cuestión que nos lleva a pensar que para que la comunicación fluya debe generarse cierta sintonía o empatía entre los participantes—. Parafraseando a los investigadores citados, diremos que cuando dos personas entran en sintonía, tanto sus palabras como sus cuerpos están en armonía, y tienden a reflejarse y complementarse en las posturas, los gestos y el contacto visual.

Volviendo a las tecnologías de la información y la comunicación, estas ofrecen una gran batería de posibilidades para la comunicación digital[3], y su uso fue generando nuevos lenguajes y novedosas formas de pensar al otro y de establecer relaciones interpersonales. En este sentido, reafirmo lo que escribí no hace mucho en una columna de opinión[4] respecto de que quienes no se en-redan quedan fuera de una época en la que los medios digitales trascienden las fronteras del espacio y la interacción personal en presencia, y crean nuevas formas de comunicación. Lo que queda en evidencia es que las plataformas digitales dan una enorme importancia a los intercambios conversacionales de sus usuarios, quienes se apropian de estos espacios señalando que conversaron con tal o cual amigo o seguidor, conocido o desconocido, real o ficticio, pero conectado, en esta o aquella red social o de mensajería. Llegados hasta aquí, cabe preguntarnos: ¿estuvimos conversando realmente?

Entendemos por conversación una forma de interacción que se produce en presencia y que es regulada por una serie de normas o acuerdos sociales. En este sentido, Alejandra Meneses (2002) afirma que una conversación es una interlocución en presencia:

> *«(...) se trata de una interacción cara-cara ("yo ante ti"), es inmediata, actual ("aquí y ahora"), no existe toma de turno predeterminada (como en una ponencia o debate), es dinámica, o sea, los hablantes toman el turno de manera inmediata, lo que provoca una tensión dialógica; por lo tanto, los participantes de la conversación hacen uso del turno de manera sucesiva y simultánea. La conversación es cooperativa tanto con el tema como con las intervenciones del otro»* (p. 446).

---

3   Usamos este concepto para referirnos al tipo de comunicación que utiliza herramientas digitales para transmitir mensajes ya sea informativos o de intercambios interpersonales. De este modo, ingresan en este concepto tanto los periódicos digitales como los comentarios en redes sociales o las conversaciones de redes de mensajería.

4   Disponible en https://www.168horas.com.ar/amplia_noti.php?id_noti=3434

Ahora bien, venimos viendo que en el escenario actual la comunicación interpersonal, además de ocurrir en presencia y con estas características, se establece a través de las plataformas y aplicaciones con conexión a internet, ya sea para cuestiones formales como informales. Si pensamos en una conversación con otra persona en Whatsapp, por ejemplo, tendremos que readecuar lo expresado en la cita diciendo que hay una interacción entre una o más personas —existe la opción de crear grupos—, en tiempo real y en una «presencia» mediatizada por el texto y por los recursos gráficos e icónicos que se aprecian a cada lado, a través de una pantalla. Con respecto a la tensión dialógica, diremos que, en este caso, los turnos de la conversación no son tan claramente definidos y aun si, en vez de escribir, utilizáramos las notas de voz —donde podremos apreciar registros paralingüísticos como el timbre y el tono o los silencios— estarían ausentes otros factores de la comunicación no verbal, como la postura, la distancia en el espacio y la gestualidad del rostro o de las manos, entre otras cosas.

También podemos preguntarnos, entonces, si la conversación de Whatsapp del ejemplo comportaría un carácter empobrecido de la comunicación en relación con la cara-cara o si estaríamos frente a otra forma de comunicación diferente, pero no por ello ineficaz.

Hay mucha bibliografía sobre cuál es la manera adecuada de escribir en internet y hasta se habla de un nuevo contrato de lectura que, coincidiendo con Daniel Link (2015), es posible por una crisis constitutiva en la cual la marca de lo nuevo es una suerte de sutura entre la cultura letrada y las ciberculturas en las que los sujetos producen sentido de manera compulsiva y en fragmentos de experiencias inscritas en un tiempo vertiginoso que corre en sus pantallas.

Por su parte, bastante poco se ha dicho aún acerca de la inclusión de dispositivos propios de la comunicación no verbal en las interacciones conversacionales que se establecen en las plataformas virtuales como Whatsapp —los *emojis* o emoticones, esos elementos representacionales que emulan gestos que aparecen en un intercambio conversacional presencial que, en algunos casos, son expresados de manera inconsciente y, en otros, en forma consciente, pero que, en el marco de una cultura y de un contexto histórico determinados, tienen un gran valor simbólico aprendido por los sujetos sociales y, por lo tanto, compartido—. Si esto es así, podríamos indagar acerca del sentido que los usuarios les dan a estas representaciones y si es posible pensar en un nuevo tipo de comunicación no verbal propio de las plataformas virtuales.

Por último, la investigación centró la mirada en la empatía: ¿cómo la establecen los interlocutores en los intercambios comunicativos digitales? —para lo cual tendremos en cuenta de qué manera se activan las neuronas espejo en estas conversaciones—. Al respecto, es pertinente comentar que en una entrevista reciente, Giaccomo Rizzolatti[5] declaró que el mensaje más importante de este conjunto de neuronas es el de demostrar que somos seres sociales, de manera que se activan incluso cuando no se ve la acción de un interlocutor y en su lugar hay una representación mental. Si las neuronas espejo te ponen en el lugar del otro, creímos pertinente estudiar si los *emojis* o emoticones ofician de facilitadores para la expresión de emociones en las conversaciones digitales.

Para finalizar esta introducción, son ilustrativos los datos que expresa una breve nota[6] publicada el 1.º de abril de 2019, en el diario *Ámbito Financiero*. La nota indica que el 64 % de los latinoamericanos utiliza Whatsapp y que el 76 % de los usuarios de telefonía móvil de la Argentina tiene descargada esta app[7] y la utilizan en todo momento. Por su parte, el Observatorio de Internet en Argentina[8] ofrece un ranking de redes más usadas (datos del 12 de febrero de 2019) en el que las cinco primeras son Youtube (93 %), Facebook (91 %), Whatsapp (91 %), Facebook Messenger (63 %) y Twitter (46 %).

Las redes sociales Youtube, Facebook y Twitter permiten comentarios de interacción en las publicaciones, a la vez que ofrecen la opción de intercambios privados. En tanto, Whatsapp —que inicialmente era una red de mensajería— es una red social que, en la actualidad, no solamente se utiliza para conversar, sino que además permite a los usuarios hacer publicaciones (estados o historias) multimediales, participar de grupos (como invitados o administradores) y hacer difusiones de informaciones entre los contactos de agenda. Los datos expresados aportan cuestiones interesantes en materia de comportamientos de los usuarios, ya que las cinco redes sociales mencionadas, brindan la posibilidad de establecer intercambios conversacionales entre ellos.

Para finalizar, cabe señalar que, a efectos metodológicos, esta investigación centró su análisis en la red social Whatsapp, intentando responder los interrogantes planteados a lo largo de esta introducción.

---

5   Neurobiólogo italiano que, en 1996, descubrió las neuronas espejo —células nerviosas que controlan el mecanismo cerebral de la empatía, ya que permiten hacer propias las acciones, sensaciones y emociones de los demás—.

6   Diponible en https://www.ambito.com/casi-el-80-los-argentinos-utilizan-whatsapp-n5023954

7   App: aplicación diseñada para ser ejecutada en teléfonos inteligentes, tablets y otros dispositivos móviles.

8   Disponible en https://inter.net.ar/#que-hacemos

¿DE QUÉ HABLAMOS CUANDO HABLAMOS DE LO QUE HABLAMOS?

Conversaciones en red versus conversaciones en presencia

Si comprendemos que «el mapa no es el territorio»[9], podemos afirmar que todo aquello que recibimos en una interacción conversacional, ya sea a través de las redes o en una conversación cara-cara, estará filtrado por nuestra visión de mundo, por nuestra experiencia, por nuestras competencias, por nuestros intereses, por nuestros juicios personales y por nuestra cultura, entre otras cosas. De este modo, el mundo siempre será mucho más rico que las ideas que tenemos de él y serán nuestros filtros personales los que determinen en qué clase de mundo habitamos.

Por uno de los axiomas metacomunicacionales acuñados por Paul Watzlawick (1921-2007) en su *Teoría de la Comunicación Humana*[10] decimos que toda comunicación implica un compromiso y define la relación entre los actores involucrados en ella. De este modo, en una conversación, los participantes establecen patrones de intercambio que funcionan como una suerte de reglas de contingencia. La puntuación de la secuencia será la que organice la interacción y, en consecuencia, la falta de acuerdo en la manera de puntuar será la causa de conflictos relacionales.

En el mismo marco, agregamos que la comunicación puede ser analógica y digital. La primera responde a los aspectos no verbales como la postura; los gestos; la expresión facial; la inflexión de la voz; la secuencia, el ritmo y la cadencia de las palabras; el contexto; y cualquier otra cuestión no lingüística que ocurra en una interacción. Por su parte, la segunda corresponde a los aspectos lingüísticos.

Los sujetos sociales utilizamos al mismo tiempo estas dos formas de comunicación, aunque es la analógica la que siempre está presente. Por ejemplo, podemos decir algo con palabras, pero si se trata de una mentira es muy probable que el cuerpo exprese que lo es, aunque nosotros no

---

9   Idea que Gregory Bateson (antropólogo, lingüista y cibernético británico) toma prestada del filósofo Alfred Korzybski sobre la que Claudio Gabriel Eiriz, en «Universidad y antropología de los saberes. Mapa y Territorio», explica: «Según se cuenta, parece ser que Korzybski, durante la Primera Guerra Mundial se cayó -junto con toda la tropa que él mismo comandaba- en una fosa que no figuraba en el mapa. Como consecuencia de este hecho Korzybski exclamó 'el mapa no es el territorio. Según la opinión de Korzybski, y que Bateson hace suya, un mapa no es el territorio, en la misma medida en que una palabra no es el objeto que representa. El conocimiento que tenemos del mundo está limitado por la estructura de nuestro sistema nervioso y la estructura del lenguaje. Esto significa que no experimentamos el mundo directamente. Nuestra experiencia del mundo es una experiencia mediatizada por una suerte de mapa mental que representa una realidad inaccesible».

10   Texto que este filósofo y psicólogo austríaco comparte con Janet Beavin Bavelas y Don D. Jackson a instancias de una investigación sobre los efectos pragmáticos de la comunicación humana en la conducta y en sus trastornos.

seamos conscientes de ello. En esta línea, en una ponencia para la Universidad Complutense de Madrid, Muñoz Carrión[11] sostiene que entre lo que se dice y la comunicación no verbal debe haber continuidad: «La significación del mensaje verbal es puntuada por el sentido producido mediante expresiones no verbales (...) Así pues, el significado te odio puntuado con una cálida sonrisa, puede invertir su sentido» (p. 1).

En síntesis, las interacciones conversacionales en presencia incluyen mensajes de estructura lingüística, acompañados por expresiones no verbales que pueden ser conscientes, pero que casi en su totalidad son inconscientes.

Gracias al trabajo realizado por Mark L. Knapp (1982) pudieron ordenarse las categorías de los comportamientos cinésicos y su relación con las interacciones conversacionales. De ese trabajo, extrajimos algunas definiciones pertinentes de mencionar en este apartado y por ello hablaremos de estas categorías de los comportamientos no verbales.

En primer lugar, los emblemas son gestos que equivalen a una palabra o frase corta y que son admitidos por la comunidad en la que se los realiza y comprende. Nuestra conciencia de su uso es la misma que la de la elección de las palabras para hablar. El contexto puede hacer que la interpretación de un emblema sea diferente —si cerramos la mano y dejamos hacia arriba el dedo mayor, podemos decir que estamos fastidiados con alguien y se lo hacemos saber en una suerte de insulto o bien puede ser un rasgo de humor o ironía—. Hay emblemas que se realizan con las manos como, por ejemplo, el gesto que se usa para representar «ok» o la «v de la victoria»; están los que se hacen con el rostro, como cuando fruncimos la nariz para decir «qué feo olor» o cuando sonreímos para mostrar que estamos contentos o bien si dejamos caer la mandíbula o marcamos dramáticamente las cejas para indicar sorpresa; también podemos utilizar las manos y los brazos como, por ejemplo, con las palmas para arriba o encogiendo los hombros (o ambas cosas a la vez) para decir «¿qué puedo hacer?», «ya sabemos cómo es», «no tengo nada» o «no lo sé».

Luego mencionaremos los gestos ilustradores: actos no verbales directamente unidos a lo que decimos o que acompañan lo que decimos para ilustrarlo. Pueden ser movimientos que acentúen o enfaticen palabras o frases, que se relacionen con lo que pensamos, para señalar objetos o representar acciones corporales. Dice Knapp (1982): «(...) parecen caer dentro de nuestro campo consciente pero no tan explícitamente como los emblemas. Se los usa intencionadamente (...) pero no tan deliberadamente como los emblemas» (p. 20). Asimismo, es previsible que estén presentes cuando las personas están excitadas, entusiasmadas, felices, ansiosas, tristes, enojadas, etc.

---

11 Disponible en http://webs.ucm.es/info/eurotheo/diccionario/C/comunicacion_corporal.pdf

Por su parte, las muestras de afecto son aquellas configuraciones faciales y expresiones corporales que evidencian estados afectivos y que pueden repetir, aumentar, contradecir o no guardar relación con las manifestaciones afectivas verbales.

Parafraseando al autor, los gestos reguladores son los que mantienen y regulan la naturaleza del hablar y el escuchar entre dos o más sujetos interactuantes: indican al hablante que continúe, repita, se extienda en detalles, se apresure, haga más ameno su discurso, conceda al interlocutor su turno de hablar, y así sucesivamente. Sintetizando:

> *«(...) señales que utilizamos para hacer saber a otra persona que queremos hablar, para evitar que otra persona nos quite el uso de la palabra, para renunciar a nuestro turno de intervención y pedir a otra persona que continúe y para dar a entender que hemos terminado de hablar y que otra persona puede continuar. Generalmente, no decimos verbalmente estas cosas, sino que las comunicamos por medio de una multitud de comportamientos no verbales (...) parecen hallarse en la periferia de nuestra consciencia y son, en general, difíciles de inhibir. Son como hábitos arraigados y casi involuntarios, pero se trata de señales de las que somos muy conscientes cuando las producen otros»* (p. 22).

Los gestos adaptadores se desarrollan en la niñez y apuntan a satisfacer necesidades, cumplir acciones, dominar emociones, desarrollar contactos sociales o cumplir una gran cantidad de otras funciones. Los hay de tres tipos: autoadaptadores (administración personal del cuerpo, como limpiarnos los ojos antes de comenzar a llorar para que no sea evidente; rascarnos autoagrediéndonos —cuando en realidad la situación es de hostilidad es hacia quien/quienes tenemos enfrente—); heteroadaptadores (se aprenden con las primeras experiencias interpersonales como dar, tomar, atacar, proteger, acercarse, alejarse, etc.); y los que se dirigen a objetos (agarrar la taza para beber, el lápiz para escribir, fumar, etc.).

Si nos centramos en el paralenguaje, este no se refiere a qué se dice (contenido), sino a cómo se dice (forma) de manera asociada al lenguaje verbal, es decir, el timbre, el tono, los silencios, el ritmo, el volumen de la voz y segregaciones vocales (como «ah», «uh», «mmm», etc.). La proxémica, por su parte, es el estudio y la percepción del espacio personal y social. Por ejemplo, cómo se ubican los asientos en una reunión laboral o de una familia; qué tipo de distancias conversacionales establecemos en función del sexo, el estatus, los roles, etc. Por último, Knapp también incluye en su clasificación a los artefactos y a los factores del entorno. Con respecto a los primeros, dice que pueden actuar como estímulos no verbales el perfume, la ropa, los accesorios, el maquillaje, fumar o no, etc. En tanto, en relación con entorno, menciona elementos que estimulan la relación, pero no necesariamente son parte de ella, como la decoración, la música, los ruidos del ambiente, los olores, la luz, la decoración y las huellas de acciones que se evidencian anteriores a nuestra presencia en ese espacio.

Por lo dicho hasta aquí, concluimos que utilizamos el comportamiento no verbal para expresar emociones; para transmitir actitudes interpersonales; para presentarnos tal como somos ante otros; para acompañar lo que decimos, administrar nuestras intervenciones conversacionales, etc. Cabe señalar que estas categorías están dentro del proceso de la comunicación, en interrelación constante con lo verbal (digital), aunque a veces pueda confiarse más en una que en otra.

Si el lenguaje es productor de realidades, para analizar las «conversaciones en red» incluimos una mirada atenta sobre las representaciones visuales, ya que son elementos que agregan valor a aquello sobre lo que hablamos en las redes. Si pensamos estas prácticas en términos de discurso, podemos decir, recurriendo al trabajo de Iñiguez Rueda y Martínez Guzmán (2010), que nada está por fuera de las normas sociales: «Las prácticas discursivas se ajustan a un contexto, a un lugar en el tiempo y en el espacio. Este dominio práctico en que se enmarcan ( ) ha sido denominado formación discursiva, y consiste en un conjunto de reglas anónimas e históricamente determinadas que se imponen a todo sujeto hablante y que delimitan el ámbito de lo que es posible enunciar» (p. 247).

En un contexto que dejó de lado los grandes relatos, millones de personas utilizan las plataformas virtuales para enviarse mensajes compuestos por texto y *emoji* (en sus distintas categorías). Tal es el uso de estas herramientas que un estudio de la Universidad de Kent State revela que los jóvenes están tan pendientes de su dispositivo móvil que chequean un promedio de 150 veces al día si tienen notificaciones de Whatsapp, incluso durante la madrugada.

Ahora bien, respecto de si estamos ante un medio de comunicación eficaz o no, las posturas teóricas y los abordajes son muy diferentes y, en algunos casos, diametralmente opuestos. En un extremo, están quienes dicen que las redes en internet generaron un mundo ideal que posibilitó que estemos comunicados en todo momento. En tanto, en el otro, se sostiene que la conversación digital es un modo de comunicación empobrecida ya que, como dice Riva (2010):

> *«(...) carece de las normas que regulan una interacción eficiente (...)*
> *no cuenta (...) con el apoyo de elementos metacomunicativos como*

> *la expresión facial, la postura y el tono de voz, que desempeñan un
> papel importante en la comunicación cara a cara» (p. 179).*

En una posición intermedia, una tercera mirada percibe a las conversaciones en red como un nuevo género, con características propias y diferentes de las que se aprecian en las conversaciones cara-cara o de las que son propias del género más bien epistolar (que pueden verse, por ejemplo, en intercambios de correo electrónico).

Retomando el tema de las conversaciones, acordamos, entonces, que tienen un principio y un final y, entre esos momentos, existen intercambios entre dos o más personas que asumen los roles de hablante y oyente por turnos. Como vimos, quienes participan de una conversación usan —sin ser conscientes del todo— el cuerpo, los tonos de voz y las conductas verbales que dan eficacia a la alternancia entre los participantes. Si nos turnamos eficazmente, decimos que una conversación es fluida y competente. En cambio, la falta de eficacia en la alternancia de turnos en una conversación (interrumpir, no ceder turnos, no hacer aportes, etc.) puede provocar consideraciones negativas entre los interlocutores. De este modo, en una conversación, los hablantes pueden mantener el turno, cederlo, solicitar que se lo cedan o renunciar a él. Ceder el turno será entregarlo a la otra persona para que hable y eso se comunica usando marcadores cinésicos que aparecen y/o desaparecen con el volumen de la voz del hablante, un tiempo más lento al hablar (ritmo), movimientos de cabeza, párpados y/o manos. El mantenimiento del turno en una conversación supone que el hablante no quiere cederlo y en este caso los marcadores tienen que ver con conductas tales como elevar el volumen de la voz, tocar a la persona o hacer un gesto que rellene una pausa si se percibe que el oyente quiere intervenir, hacer que la frecuencia y duración de las pausas silenciosas decrezcan, obstaculizando la posibilidad de que el otro hable. Cuando una persona no usa la palabra y quiere hablar, puede expresar ese deseo de varias maneras: levantando el índice de la mano en un silencio, levantando la mano, inspirando con sonido elevado, adoptando una postura recta y dominante que demuestre que en cualquier momento voy a usar la palabra y hablar encima del otro elevando la voz hará que pueda apropiarme del turno tartamudeando a veces, moviendo la cabeza otras veces o siendo enfática también. Por último, la renuncia al turno en una conversación se da cuando lo cedemos porque no nos interesa y los marcadores que lo evidencian son una postura relajada, silencio, asentir y mirar para otro lado, gesto de interés por lo que dice el otro, sonrisa, cabecear ligeramente para asentir o pedir que nos aclare algo.

Pensando estas afirmaciones a la luz del trabajo que realizamos, fue interesante reflexionar acerca de las características que adquieren las conversaciones en los medios con presencia en internet, sin dejar de tener en cuenta que quienes habitualmente las protagonizamos fuimos adaptándonos a las redes, a sus plataformas y a sus lógicas, gestionando competencias comunicativas en función de sus contextos y nuestras estrategias personales.

Llegados a este punto, definimos una conversación de Whatsapp como un intercambio comunicativo entre dos o más personas, mediatizado por una pantalla y para el cual se requiere de una línea telefónica y un aparato con conexión digital. Si bien estas conversaciones en general tienen naturaleza textual, esta no es excluyente, ya que se apoyan en *emojis* o emoticones que, como señalamos antes, son representaciones visuales que agregan valor a aquello que expresamos con palabras (ya sea por escrito o en mensajes de voz).

Aunque las «conversaciones enredadas» se presenten como un híbrido que conjuga escritura y oralidad, pensamos más bien que estamos ante algo diferente: un «género confuso»[12] que si bien podría analizarse desmenuzándolo en elementos individuales (voz-gestualidad representada en texto-*emoji*), deberíamos pensarlo en contexto y como una totalidad de sentido.

En sintonía con esto —aunque hablando de los chats—, María José Blanco Rodríguez (2002) afirma:

> *«(...) las nuevas tecnologías (...) han tenido como consecuencia la gestación de una nueva actividad comunicativa y un nuevo género discursivo, manifestación de lo hablado en lo escrito, que podemos calificar como conversación escrita (...) o hablado escrito (...) No se trata de suplir (...) las deficiencias del nuevo medio, sino que este nuevo medio de comunicación permite un determinado tipo de actividad interactiva con unas características específicas y con una finalidad propia: la comunicación por la comunicación, el placer de hablar, de interactuar con alguien, y cualquier factor que obstaculice la comunicación es eliminado mediante una serie de estrategias que el usuario aprende a utilizar» (p. 17).*

Partimos de la creencia de que los usuarios de redes son competentes para utilizarlas y que entienden las múltiples opciones que estas les ofrecen para comunicarse con otras personas para un eficaz intercambio.

---

12 Idea utilizada por Clifford Geertz para hablar sobre la mezcla o confusión de géneros que abordan los investigadores en ciencias sociales.

Asimismo, observamos que estas redes son el soporte para distintos tipos de intercambio, con temas y tiempos diversos, con distinto grado de cercanía afectiva de los actores involucrados, ciertos dominios de acción —por ejemplo, reglas implícitas en esa conversación—, uso de marcadores para ilustrar la conversación y de representaciones icónicas que complementan los textos.

LOS *EMOJIS* LLEGARON PARA QUEDARSE

Es improbable que en estos tiempos alguien ingrese en una red de internet para conversar con otros y no encuentre ni utilice los *emojis*. Una forma de comprender la universalización de su uso es tener en cuenta que ya salieron de las redes y están siendo desplegados en el campo de la publicidad, lo cual estaría indicándonos que están altamente popularizados y son comprendidos por grandes mayorías —no imagino empresas comerciales utilizándolos para vender servicios y productos si así no fuera—.

En una nota publicada en Ventana al Conocimiento Periodismo Científico[13], VyVyan Evans —experto en comunicación y lingüística cognitiva y autor del libro *The Emoji Code*— define a los *emojis* como íconos que ayudan a reproducir las características de la comunicación humana del mundo real en los entornos digitales y que funcionan de manera similar a como lo hacen las señales no verbales que emitimos las personas en una conversación en presencia. Si tenemos en cuenta la idea de que cuando nos comunicamos no es lo que decimos (contenido), sino cómo lo decimos (lenguaje corporal y tono de voz), todo parece indicar que los *emojis* facilitan la sintonía (empatía) entre quienes participan de una interacción conversacional en las redes sociales y promueven la eficacia en la comunicación.

Según puede leerse en la publicación especializada del Centro de Cultura Digital[14] (2017, México), a fines de siglo xx, las compañías de telecomunicaciones japonesas diseñaron telefonía con internet, incorporando la posibilidad de lanzar mensajes de texto en línea. Como estimaron que el público adolescente sería el usuario meta, pensaron que debían optimizar el uso del ancho de banda e idearon imágenes para poder expresar ciertos sentimientos y emociones en formatos comprimidos. De este modo, Shigetaka Kurita crea el *emoji* en 1999, para simplificar conversaciones entre usuarios y aligerar la transmisión de datos (pensemos que antes se

---

13 Disponible en https://www.bbvaopenmind.com/tecnologia/mundo-digital/emoji-el-nuevo-idioma-global/

14 Disponible en http://editorial.centroculturadigital.mx/articulo/emoticones-unicode-y-emojis

utilizaban los emoticonos que necesitaban más ancho de banda para su circulación). En el sitio, también se expresa que la internacionalización de este recurso comienza en 2006, cuando Apple ingresa en el mercado de celulares de Japón y si bien celebra el desarrollo de los *emojis*, en un principio creía que no serían atractivos ni rentables más allá de Japón, algo que terminó cuando los usuarios de más allá de sus fronteras comenzaron a descargar el paquete de codificación de caracteres japoneses para poder usarlos. Un dato de color: en 2015, el diccionario de Oxford nombró a *emoji* como la palabra del año y, en la actualidad, los primeros diseños integran las galerías del Museum of Modern Art New York (MOMMA). Lo cierto es que los *emojis* se hicieron cada vez más complejos con la incorporación de caracteres en Unicode como gestos, familias o distintos colores de piel, por ejemplo y, en la actualidad, existe una Emojipedia donde cualquier ciudadano del mundo puede proponer un nuevo *emoji* —propuestas que son evaluadas cada cuatro años y que, si son aprobadas, las incluyen en las nuevas actualizaciones de las aplicaciones—.

Como se infiere de lo dicho en el párrafo anterior, el organismo internacional encargado de diseñar y estandarizar los *emojis* disponibles en todas las aplicaciones es Unicode y publica el significado de los *emojis* por categoría en el sitio oficial al que podemos acceder en los siguientes links: https://www.significadoemojis.es/lista-emoticonos-personas-whatsapp y https://www.significadoemojis.es/legal-disclosure.

Más allá de la necesidad de disminuir el uso de datos de ancho de banda que tuvieron los creadores de *emoji*, los usuarios de redes sociales y de mensajería no los utilizan con ese objetivo, sino que todo parece indicar que lo hacen para establecer sintonía o empatía con sus interlocutores.

La popularidad de estos recursos visuales es tal que, desde 2002, cada 17 de julio, el mundo celebra el día de los *emojis*, fecha elegida por Apple porque no solo es la de la presentación de los calendarios para Mac, sino porque es la fecha que incluye el *emoji* del calendario. Por su parte, las *emoji etatistics* del sitio oficial Emojipedia indican que desde marzo de 2019, el Unicode Standard ofrece unos 3019 *emojis* con nuevas propuestas ancladas en la idea de diversidad, como las secuencias de género y color de piel, entre otras. Con respecto a los *emojis* más utilizados en 2018[15] publican el siguiente ranking: rostro a carcajadas a tal punto de que caen lágrimas; corazón rojo; rostro sonriente con corazones en los ojos; cara pensativa; fuego; cara sonriente con ojos risueños/sonrientes; rostro que tira un beso

---

15 Disponible en https://emojipedia.org/stats/, un sitio que ofrece el listado de *emojis* disponibles y actualizado por categorías. Además, publica estadísticas tales como un índice de popularidad de uso de los *emojis,* noticias y eventos, entre otras cosas. .

de corazón; pulgar para arriba; y rostro con corazones, enamorado. En el análisis que realizamos más adelante, compararemos este cuadro con los datos obtenidos a través de nuestras herramientas de recolección de datos.

Emoji Popularity

The most popular emojis on Emojipedia in 2018 were:

😂 Face With Tears of Joy

❤ Red Heart

😍 Smiling Face With Heart-Eyes

🤔 Thinking Face

🔥 Fire

😊 Smiling Face With Smiling Eyes

😘 Face Blowing a Kiss

👍 Thumbs Up

☐ Smiling Face With Hearts

Cuadro 10: Fuente https://emojipedia.org/stats/

Este sitio web también ofrece el listado de *emojis* disponible, actualizado por categorías. La denominada Smileys & People[16] es la que nos interesa en esta investigación, sobre todo para indagar si los usuarios de Whatsapp utilizan estos recursos visuales para transmitir emociones y afectividad, respetando una suerte de universalidad sobre aquello que expresan.

REDES, EMOCIONES Y ALGO MÁS

Creeríamos pertinente afirmar que para que las conversaciones en red sean eficaces debe haber una sintonía entre los componentes verbal y no verbal. En el caso de una conversación en Whatsapp, esto equivale a decir que tiene que existir una relación simétrica entre el mensaje escrito y los *emojis*

---

16 Disponible en https://emojipedia.org/people/

que, si bien los escribimos, parecen ocupar una suerte de «como si», ya que estarían en el lugar de lo no verbal (emociones, gestualidad, etc.).

Ahora bien, si una parte de los aspectos de la comunicación no verbal es inconsciente, podríamos pensar que en los encuentros comunicativos que establecemos a través de las redes, esta parte se pierde frente al otro, como también quedan afuera la mirada y las expresiones de la voz —siempre y cuando no utilicemos notas de voz, cuyo análisis dejamos fuera en esta investigación—. Por otra parte, el uso de los *emojis* es volitivo y consciente, en un contexto en el que sus expresiones tienen un valor simbólico aprendido y compartido por los miembros de la comunidad donde los utilizamos. De todas maneras, pondremos el acento en el uso que hacen las personas de estos recursos para expresar emociones y sentimientos que, generalmente, son bien comprendidos por nuestros interlocutores virtuales y nos facilitarían el camino hacia una comunicación empática.

En las IX Jornadas de Investigación del Departamento de Filosofía de la Universidad Nacional de La Plata, Luis Adrián Castro (2013) sostuvo: «(...) las actuales investigaciones del campo neurocientífico vienen a sustentar la intuición humana de que tenemos una disposición empática que nos lleva a compartir las emociones de los demás» (p. 6).

Definimos «empatía» a la sintonía mediante la cual nos identificamos con lo que siente el otro, imaginando el sentimiento que provocaría esa emoción en nosotros. Centrándonos en lo que nos ocupa, con los *emojis* podemos decir que promover la empatía es posible porque tenemos un conocimiento *a priori* que nos permite actuar esas emociones a través de ellos —signos del lenguaje visual que son representacionales, en el sentido de estar en el lugar de la emoción o un sentimiento—. En este sentido, la corporación Unicode expresa que estos signos visuales surgen para simplificar conversaciones e ilustrarlas mediante representaciones de expresiones faciales, gestos corporales, emociones y otras categorías tales como animales, tecnología, objetos, profesiones, medios de transporte y un largo etcétera. Si, como dijimos, los gestos y el lenguaje conforman un sistema, los *emojis* ocuparían ese espacio de gestualidad en el que no hay movimientos espontáneos, sino intencionales, para facilitar la comunicación y el entendimiento con el otro y para reforzar información que las palabras no transmiten del mismo modo.

En este sentido, Marco Iacobone (2009) afirma: «(...) los gestos que acompañan al discurso juegan un doble papel: ayudan a los hablantes a expresar sus pensamientos y ayudan a los oyentes/espectadores a entender lo que se está diciendo» (p. 85). Por ejemplo, si un amigo me dijera algo muy gracioso en Whatsapp y yo respondiera con el texto «ja ja ja» acompañado por un *emoji* que expresa mucha tristeza, estaría obstaculizando la comprensión del otro al construir un enunciado contradictorio a la vez que afectaría la sintonía de esa conversación.

Concluimos, entonces, que somos seres sociales que nos comunicamos en sintonía y por eso podemos sentir empatía en nuestros intercambios virtuales. Hablar de empatía es remitir a su fundamento biológico, que es el descubrimiento de las neuronas espejo.

Desde 1996 —gracias a las investigaciones realizadas por Giacomo Rizzolatti y su equipo de la Universidad de Parma (Italia)—, sabemos que existe un grupo de células nerviosas que controlan el mecanismo cerebral de la empatía. Estas neuronas bimodales (visuales y motoras a la vez) nos ponen en el lugar del otro, y, en las conversaciones en red, seguramente tienen una función de relevancia, ya que portan la idea de que somos seres sociales que imitamos y en esa imitación está inscrita la base de la cultura. Podemos decir que en las conversaciones de Whatsapp las neuronas espejo simulan las acciones que se describen a través del texto y los *emojis* porque hay una experiencia privada que es compartida por otros a través del intercambio que se da en el lenguaje y que entendemos como un sistema que incluye palabras, gestos y emociones.

De este modo, en las conversaciones en red, los *emojis* son utilizados para ilustrar o expresar señales no verbales que utilizamos habitualmente y son comprendidas socialmente. Si más del 70 % de una conversación presencial proviene de elementos no verbales, los *emojis* ocuparán un lugar de relevancia en las conversaciones virtuales, ya que ofrecerán personalidad y promoverán empatía en el intercambio. Aunque esto formaría parte de otro trabajo con otros objetivos, podríamos adelantar que, por lo visto hasta el momento, gran parte de los gestos que producimos inconscientemente no tendrían una gran relevancia comunicacional si tenemos en cuenta que del otro lado del chat no pueden apreciarse ni aun pasando desapercibidos.

ALGUNOS DATOS DEL ECOSISTEMA ACTUAL[17]

En este punto, describiremos sintéticamente a qué nos referimos cuando hablamos de usuarios de redes sociales o habitantes de ayer y hoy en el actual ecosistema poblacional enredado, teniendo en cuenta que las

---

17 Elaboración propia, de la Corporación Latinobarómetro con informes disponibles en http://www.latinobarometro.org/lat.jsp y del Observatorio de internet en Argentina, cuyos análisis pueden recuperarse en https://inter.net.ar/

generaciones de las que formamos parte en este entramado no se definen tanto por los años que las separan entre sí, como por los acontecimientos y los contextos en los que comparten experiencias comunes.

En la actualidad, conviven seis generaciones digitales cuyos miembros comparten características del momento en el que nacieron y el entorno en el que crecieron, pero, además, evidencian un tipo de comunicación y consumos culturales y tecnológicos que les son más o menos propios y con el que se identifican. Tal vez por el acceso a la educación y a las tecnologías de la información y la comunicación, además de conductas adaptativas con respecto a la utilización de estas últimas, hay influencias generacionales y, en este sentido, el caso sobresaliente es el de la generación milenial, ya que generaciones mayores aspiran a igualarse en términos de consumo y hábitos asociados a ella.

Estas generaciones que conviven en la actualidad recorren una parte importante de la historia del siglo xx y del actual.

La primera de ellas es la que se conoce como generación silenciosa e incluye a las personas que nacieron entre 1925 y 1944, es decir, quienes ya han vivido entre 75 y 94 años. En su gran mayoría, ellos vivieron las dos guerras mundiales, revoluciones, crisis sociales y económicas y épocas de gloria. Nacieron con la gráfica, la radio, la fotografía, el teléfono fijo y vieron llegar la televisión. Se fueron adaptando a las tecnologías de la comunicación, a la automatización y, en la actualidad, utilizan todo esto para acercarse a otros, para eficientizar el tiempo, para el ocio y/o para informarse.

Con una edad que oscila entre los 55 y los 74 años, los *baby boomers* nacieron entre 1945 y 1964. Deben su nombre al *boom* de natalidad que vivió el mundo por esos años. Nacieron en los años de la guerra fría, cuando ocurrieron los asesinatos de J. F. Kennedy y Martin Luther King, la llegada del hombre a la luna y la guerra de Vietnam. Fueron testigos de cambios muy importantes y, si bien no son nativos digitales, se las ingenian para usar la tecnología en momentos de ocio, entretenimiento, investigación, para trabajar, etc. Son los inmigrantes digitales que más aumentaron su presencia en las redes sociales en 2018. Usan las plataformas digitales para el entretenimiento, realizar compras, informarse y hablar con otras personas.

Generación X es el nombre del grupo de personas nacidas entre 1965 y 1979, quienes actualmente tienen entre 40 y 54 años. Son los jóvenes de los años 1980 y los años 1990. Vivieron la caída del muro de Berlín y la división de la Unión Soviética. Nacieron con el disco de vinilo, la llegada del CD y el DVD, el walkman, las computadoras, el casete y los videoclubes. Vieron nacer a MTV y a la Arpanet que en 1969 antecedió a su hermana menor: internet, nacida en 1982. Fueron testigos de la aparición del primer teléfono móvil y de la burbuja punto com. Crecieron jugando en la vereda y, si bien recuerdan la época de los peinados con jopo, se sienten parte de la generación posterior, ya que son parte de una época de acceso masivo a la educación, son usuarios de todas las redes sociales y de entretenimiento e integran la generación que más compras realizan en plataformas de e-commerce.

La generación que sigue es la Y o milenial: los nativos digitales que llegaron al mundo entre 1980 y 1994 y, en la actualidad ,tienen entre 39 y 25 años. Son los hijos de los *baby boomers* y de quienes representan la generación X. Crecieron, estudiaron y se graduaron con conexión a internet y vieron todos los avances y novedades tecnológicas. Viven en un entorno siempre conectado. Son los grandes usuarios de Twitter e Instagram y el resto de las redes en menor medida —aunque el Whatsapp es el más importante para entablar conversaciones—.

Los centenials o integrantes de la generación Z son los jóvenes y niños que nacieron entre 1995 y 2010 y tienen entre 24 y 9 años. Son los nativos digitales para quienes el teléfono celular es una prolongación de su cuerpo, a punto tal que lo chequean más de cien veces al día. Son grandes consumidores de formatos audiovisuales, propuestas interactivas e *influencers*. El teléfono móvil es el aparato que utilizan para comunicarse. Tienen poca capacidad de atención y son muy impacientes. Vieron nacer el iPhone, Youtube, Skype, Google, Facebook, el MP3, el MP4, la tecnología WiFi, Microsoft, el GPS, el Whatsapp, los gusanos de internet y la cultura hacker, entre otras cosas.

Por último, la generación Alpha incluye a los niños que nacieron a partir de 2011. Es la primera generación que debe adaptar sus prácticas digitales a entornos analógicos —si fuera necesario hacerlo—. Tocan lo virtual y por eso también se les dice generación T o táctil. Su zona de confort es la pantalla. Muchos expertos en educación afirman que este grupo desafiará a la educación tradicional, ya que le demandará transformaciones pedagógicas que estén en sintonía con entornos de la inteligencia artificial en uso y que influenciarán las habilidades cognitivas de esta generación.

Nuestro país cuenta con 41.590.000 personas conectadas, lo que equivale a decir que 92 de cada 100 argentinos accede a la red internet. Si dividimos a los usuarios con internet por grupos de edad, el dato que surge es que el 41 % tiene entre 15 y 34 años; el 33 % tiene entre 35 y 54; y el 13 % tiene 55 o más.

Las seis redes sociales más utilizadas en la Argentina, en orden de importancia, son Youtube, Facebook, Whatsapp, Facebook Messenger, Twitter e Instagram. Además, somos el sexto país del mundo en cantidad de cuentas activas en redes sociales y el tercer país en cantidad de tiempo de personas conectadas activamente a ellas —con un promedio diario de tres horas y media—. Facebook tiene 31 millones de usuarios activos, de los cuales el 87 % se conecta desde el teléfono móvil; de ese porcentaje, el 52 % mujeres y el 48 % varones.

Con respecto al uso del teléfono celular, el 66 % de los argentinos lo utiliza para mensajería; el 78 % para mirar videos; el 52 % videojuegos; el 28 % para acceder a la banca móvil; y el 53 % consulta mapas. En nuestro país, hay una penetración de telefonía celular del 72 % y un promedio de dos líneas telefónicas por usuario. Por último, en la Argentina, el 76 % de personas que tienen teléfonos inteligentes dijeron utilizar la aplicación Whatsapp para comunicarse con sus contactos en forma permanente.

RESPUESTAS SE BUSCAN

En este capítulo, y a la luz del marco conceptual expresado en el punto anterior —donde adelantamos ya algunas cuestiones que surgieron en esta investigación—, hablaremos de nuestro corpus de análisis construido mediante técnicas mixtas de recolección de datos, a través del cual intentamos responder los interrogantes expresados en la introducción.

Las herramientas metodológicas utilizadas fueron una encuesta online; *screenshots* o capturas de pantalla con los *emojis* más utilizados por colaboradores participantes; breve cuestionario (online: en historias y estados) para indagar el sentido que los colaboradores les otorgan a los *emojis* más utilizados, con el fin de chequear la congruencia entre el sentido que le dan ellos y el significado expresado por Unicode en su sitio oficial.

La encuesta fue publicada en forma online utilizando la plataforma e-encuesta.com con preguntas cerradas y abiertas motivadas por la necesidad de buscar respuestas a las problemáticas señaladas en la investigación y recoger datos adicionales que pudieran servirnos.

La mencionada herramienta metodológica fue respondida por un total de 98 personas, de las cuales 37 dijeron ser varones, 58 mujeres y 3 tildaron la opción del género no binario. Los usuarios ingresaron al cuestionario entre el domingo 26 de mayo y el lunes 8 de julio de 2019, convocados por una publicación realizada en la cuenta de Facebook, que fue replicada en las cuentas de Twitter, Whatsapp e Instagram, además de haber sido compartida por contactos de la cuenta original y desde esas otras cuentas.

En relación a lo que llamamos habitantes del ecosistema de hoy —descriptos en el apartado anterior—, las generaciones que colaboraron en esta investigación resultaron con estos datos porcentuales: el 24,49 % tiene entre 55 y 73 años (*baby boomers*); el 29,59 % tiene entre 40 y 54 (generación X); el 29,59 % tiene entre 39 y 25 años (generación Y o milenial); y el 17,35 % tienen entre 24 años o menos (generación Z o centenial).

En el cuadro que sigue, podemos advertir que el resultado de esta encuesta nos indica un alto nivel de educación formal entre los participantes. Puede argüirse que tal resultado es parte de la «burbuja» de la cual forma parte la cuenta de Facebook desde donde salió la convocatoria, aunque esa posibilidad quedaría sin efecto si tenemos en cuenta que la publicación fue compartida por decenas de usuarios en diversas cuentas de distintas plataformas cuyos contactos no integran la «semiosfera» de quien hizo la publicación original. Los resultados de este ítem de la encuesta confirman lo que fue expresado en el punto anterior respecto de que el uso masivo de las plataformas virtuales va de la mano con la democratización de la educación y el acceso a las tecnologías de la información y la comunicación.

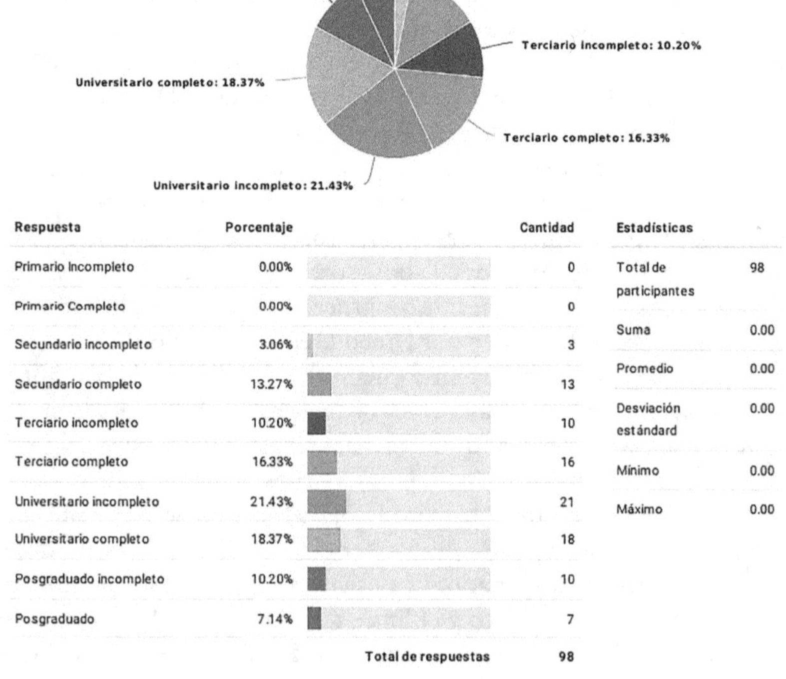

Respuesta	Porcentaje		Cantidad	Estadísticas	
Primario Incompleto	0.00%		0	Total de participantes	98
Primario Completo	0.00%		0		
Secundario incompleto	3.06%		3	Suma	0.00
Secundario completo	13.27%		13	Promedio	0.00
Terciario incompleto	10.20%		10	Desviación estándar	0.00
Terciario completo	16.33%		16	Mínimo	0.00
Universitario incompleto	21.43%		21	Máximo	0.00
Universitario completo	18.37%		18		
Posgraduado incompleto	10.20%		10		
Posgraduado	7.14%		7		
	Total de respuestas		98		

Cuadro 11: Nivel educativo de los encuestados.

El 100 % de las personas que contestaron la encuesta manifestaron que utilizan redes para conversar con otras personas y lo hacen utilizando teléfonos celulares inteligentes. Por su parte, el mapa de consumo de estas redes pone de manifiesto la pertinencia de la elección de Whatsapp para realizar el análisis de las conversaciones en red que nos ocupa en esta investigación:

Con respecto a las razones por las cuales utilizan las redes sociales aquellas personas que respondieron la encuesta, podemos decir que son casi tantas como la cantidad de participantes, pero que podemos realizar una suerte de «acercamiento semántico» trazando un camino que nos lleve de lo particular a lo general. De este modo, podemos agrupar las respuestas en los siguientes grupos de razones, donde las más mencionadas fueron: conversar en cualquier momento en tiempos en los que hay poco tiempo; fácil acercamiento a la gente que uno quiere; la inmediatez; motivos laborales y de estudio; obtener información; versatilidad para usarlas; gratuidad; y moda.

Respuesta	Porcentaje		Cantidad	Estadísticas	
SMS (mensaje de texto)	29.59%		29	Total de participantes	98
Whatsapp	100.00%		98		
Facebook Messenger	71.43%		70	Suma	0.00
Instagram	53.06%		52	Promedio	0.00
Twitter	34.69%		34	Desviación estándar	0.00
Youtube	18.37%		18	Mínimo	0.00
Telegram	8.16%		8	Máximo	0.00
WeChat	2.04%		2		
Otra	6.12%		6		
		Total de respuestas	98		

Cuadro 12: Redes que utilizan los encuestados.

Del análisis de los datos obtenidos en el ítem señalado, queda en evidencia que las conversaciones en red ocupan un lugar de relevancia en la vida de las personas y que, independientemente de las causas, la intersubjetividad que atraviesa estos intercambios conversacionales tiene características propias que surgen del espacio en el que se establecen. En este sentido, no podemos decir que conversar en Whatsapp es mejor o es peor que hacerlo personalmente. Sin embargo, podemos confirmar que el intercambio que se establece entre los participantes de la conversación es diferente —de hecho, el 58,16 % de los encuestados siente que en las redes no hay empobrecimiento comunicacional como algunos investigadores sugieren y como vimos en el apartado anterior—.

Con respecto al uso de los *emojis*, el 93,88 % de los encuestados dijo utilizarlos en sus conversaciones con un objetivo muy diverso, aunque podemos hacer, nuevamente, agrupamientos semánticos de uso en seis grandes grupos: para mostrar expresiones y gestos; para mostrar sentimientos y emociones; porque son divertidos; para generar empatía con el interlocutor; para simplificar y no escribir tanto; y para reforzar o poner énfasis en algunas expresiones textuales.

En la encuesta diseñada para esta investigación, la empatía dispone de un ítem específico de indagación y, en este sentido, la pregunta la define como «la manera de involucrarnos en los sentimientos y las emociones de otras personas, al extremo de experimentar lo mismo». Consultados sobre si en las conversaciones en red los participantes sienten empatía tal como ocurre en las conversaciones cara-cara, un 77, 78 % manifestó sentirla del mismo modo y señaló entre las causas principales cuestiones que podemos agrupar en dos grandes grupos: el compromiso con el interlocutor y que no importa el medio, sino lo que está expresando.

Cuadro 13: Convocatoria.

Dijimos que utilizamos otra herramienta metodológica para complementar los datos surgidos en la encuesta y centrándonos en los *emojis*. En este sentido, la semana del 2 de junio de 2019 fue realizada una nueva convocatoria en Facebook, repitiendo la metodología de la anterior. La publicación fue la siguiente:

El resultado de este llamamiento fue la participación de treinta y cinco personas, que enviaron las capturas de pantalla según las indicaciones expresadas en la publicación.

A los efectos de esta investigación, decidimos realizar un recorte metodológico para el análisis utilizando la categoría Smileys & People del listado oficial Unicode (disponible en https://www.significadoemojis.es/lista-emoticonos-personas-whatsapp) que centra sus representaciones en los gestos y posturas de los seres humanos y nos sirve, además, para relevar lo que dijimos en apartado conceptual respecto de la comunicación no verbal y la especificidad de las conversaciones en red. Una vez que recibimos los datos necesarios, los contabilizamos y realizamos un ranking de uso, seleccionando los cinco primeros *emojis* más usados.

Por último —mediante preguntas publicadas en estados/historias de Whatsapp, Facebook e Instagram—, preguntamos por el sentido que los usuarios les otorgan a estos *emojis* más utilizados, con el fin de registrar el grado de congruencia (expresada en la escala alta, media y baja) entre el significado oficial registrado en Unicode y el real expresado por los usuarios que participaron de la consulta.

Vemos de este modo que, en los dos primeros lugares que tuvimos en cuenta (recordamos que dejamos afuera el corazón por no integrar la categoría que nos ocupa), los colaboradores utilizan emblemas, en tanto, en tercer lugar, hacen uso de un gesto ilustrador. Por su parte, el cuarto lugar señala una expresión facial y el quinto, un claro estado afectivo. En todos los casos, hay una congruencia alta entre el uso que se hace, el sentido que se le adjudica y el significado que tiene y que ha sido definido por sus creadores. De este modo, estamos en condiciones de afirmar que los *emojis* funcionan como representaciones de la comunicación no verbal, ya sea para señalar acciones corporales como para reforzar textos o demostrar afecto y empatía.

Por último, si comparamos nuestro ranking con el Emoji Popularity de 2018 —expresado en el apartado anterior—, entre los cinco primeros lugares tenemos en común el corazón y la cara sonriente con corazones en los ojos, lo cual nos estaría señalando coincidencias de humor social.

Emojis más utilizados (categoría personas)	Significado del sitio oficial Unicode	Cant. de veces que fue utilizado	Sentido que les dan los usuarios	Congruencia significado/sentido
Corazones en todas sus formas y colores.	No se analiza porque no entra en la categoría de *emojis* de personas. Sin embargo, asentamos su lugar en el ranking de uso.	22	-----	No entra en la categoría de emoticonos de personas, pero es importante dejar asentada su existencia.
	Mujer u hombre con la mano en la cara. El *facepalm* (llevarse la mano a la cabeza) describe un gesto que se hizo popular a través de la serie Star Trek. «¡No me lo puedo creer!», piensa uno para sí mismo debido a la estupidez de los demás. También se puede usar para expresar vergüenza ajena.	15	No te puedo creer. Me equivoqué/te equivocaste. ¡Qué mal! Es una vergüenza. No me di cuenta. ¡Qué despiste!	Alta.
	Mujer u hombre que se encoje de hombros. «No sé cómo ayudarte» o «así es la vida». Encogerse de hombros indica que no tienes idea de algo o que no te interesa. Versión de texto: ¯_(ツ)_/¯	15	Y bue... Y bueno. No sé. ¡Es lo que hay! ¿Yo que puedo hacer? No sé. En fin... No queda otra. Otra cosa no se puede hacer.	Alta.
	Manos aplaudiendo. ¡Bravo! ¡Bien hecho! Este *emoji* muestra dos manos que están aplaudiendo. Significa aprobación y aprecio. También se puede usar en tono sarcástico si algo no merece ningún aplauso.	13	Aliento a otros. ¡Bravo! ¡Buenísimo! ¡Muy bien! Para motivar. ¡Felicitaciones!	Alta.

	Cara que envía un beso. Este emoticono te lanza un beso. Expresa afecto de forma amistosa o con intención romántica. Puede utilizarse para quitarle seriedad a una respuesta sarcástica o como reacción a un mensaje grosero. Es habitual utilizarlo para coquetear y mostrar gratitud.	13	Enviar un beso como despedida. Besitos. Saludo final afectuoso. Demostración de cariño para despedirnos de alguien.	Alta.
	Cara sonriente con los ojos en forma de corazón. Cara radiante de felicidad con los ojos en forma de corazón. El corazón le va a mil y está insanamente enamorado de una persona, un lugar o una cosa. Expresa alto grado de amor y afecto, así como gratitud. Suele ser parte de los mensajes románticos. ¡No me creo que sea tan afortunado!	12	Decirle a alguien que es una persona hermosa. Expresión de amor. Amabilidad y gusto por el otro. Demostración de atracción, amor, cariño. Expresión de afecto. Expresión de ternura. ¡Qué hermoso! ¡Qué lindo! ¡Me encanta!	Alta.

CONCLUSIONES

A lo largo de esta investigación, pudimos confirmar que los usuarios de redes sociales en general y de Whatsapp en particular son competentes en uso y comprenden las opciones que les ofrecen para comunicarse con otras personas haciendo eficaz el intercambio.

Asimismo, hemos comprobado que son utilizadas tanto para conversaciones formales como informales, con mayor o menor grado de compromiso afectivo, en ciertos dominios de acción y utilizando los *emojis* como representaciones icónicas propias de la comunicación no verbal en una conversación.

En vistas de lo expresado, la primera conclusión a la que arribamos en este trabajo es que los intercambios comunicacionales en red son conversaciones.

Confirmamos, además, que no comportan un carácter empobrecido de la comunicación, sino que se presentan como un género diferente y caracterizado por una totalidad de sentido que conjuga escritura y oralidad representadas por el par texto y *emoji*.

Como comprendemos que el mapa no es el territorio, consideramos, además, que el resultado de las investigaciones está filtrado por una visión de mundo y una experiencia que es de cada uno, aunque las herramientas metodológicas nos permitieron efectuar ciertas generalizaciones.

Mediante el análisis de los *emojis* más utilizados por los colaboradores, confirmamos también aquellas apreciaciones establecidas en el marco teórico respecto del uso de ellos para reemplazar gestos y movimientos corporales en las interacciones conversacionales en red. Agregamos, además, que muchas veces nos sirven de marcadores para identificar ciertos turnos, para expresar emociones y sentimientos o para culminar el intercambio.

Si tenemos en cuenta la idea de que, cuando nos comunicamos, el contenido es importante, aunque aun más lo es su forma, todo indicaría que estas representaciones icónicas facilitan la empatía entre quienes participan de la conversación en red, y promueven una comunicación eficaz.

Sabemos que la empatía es la sintonía que nos permite identificarnos con lo que siente el otro y en las redes, esto es posible porque conocemos las emociones que representan los *emojis* —algo que confirmamos cuando hablamos de las neuronas espejo y de cómo disparan el mecanismo de la empatía—.

En este sentido, ya dijimos que en las conversaciones de Whatsapp estas neuronas simulan acciones que se describen a través del texto y los *emojis* porque hay una experiencia privada que es compartida por otros a través del intercambio que se da en el lenguaje y que entendemos como un sistema formado por palabras, gestos y emociones.

Podemos cerrar este trabajo poniendo de manifiesto que el gran soporte mediatizador o espacio de contacto por excelencia del nuevo milenio es la pantalla. Y, por esta razón, los interrogantes que atraviesan esta investigación y sus respuestas —provisorias, por cierto— revisten gran importancia para las ciencias sociales en general y para la comunicación interpersonal y social en particular.

CAPÍTULO 6
POSVERDAD Y LUCHA POR EL SENTIDO EN TIEMPOS DE TECNO-POLÍTICA[1]

El lenguaje representa para los seres humanos, en el decir de Nietzsche,
una prisión de la cual no pueden escapar; o, en el decir de Heidegger,
la morada de su ser. Los seres humanos habitan en el lenguaje.
Rafael Echeverría

En las ciberculturas de multitudes conectadas, se desarrolla la tecnopolítica que, como ya vimos, es el uso táctico y estratégico de un conjunto de herramientas tecnológicas que empodera a los usuarios de plataformas sociales virtuales, cada vez más versátiles y accesibles.

La creciente alfabetización digital y el uso de medios, aparatos y sistemas con conexión ya no es cosa de expertos, si se tiene en cuenta que en nuestro país el 76 % de las personas tienen teléfonos inteligentes desde donde acceden a las plataformas disponibles en internet. Asimismo, durante los últimos años, surgieron especializaciones educativas y de formación orientadas a profesionalizar los sectores de la comunicación y la

---

1 Este capítulo se publica teniendo como base de inspiración la tesina que presenté para la certificación de mi formación en Coaching Ontológico Profesional en la Escuela Elba Seldes Consultores, Coaching y PNL.

mercadotecnia, para eficientizarlos y adecuarlos al ecosistema en el que despliegan sus estrategias.

En este escenario, la política y los políticos deben incorporar —y de hecho lo hacen, bien o mal, pero así es— estas herramientas de la tecnología de la información y la comunicación para proyectar sus estrategias de posicionamiento y captar clientes o adeptos en forma exitosa.

Sabemos que las actualizaciones del entramado tecnológico generan cambios permanentemente a la vez que exigen una comunicación estratégica y eficaz, puesto que las lógicas del mundo digital modificaron las relaciones entre las personas, entre ciudadanos e instituciones, entre electores y políticos y entre empresas y consumidores.

En sintonía con esto, Rafael Echeverría (2018) sostiene que el mundo finalmente se convirtió en la aldea global de la que hablaba Marshall MacLuhan hace más de treinta años: «La distancia, que siempre fue un factor relevante en la forma en que los seres humanos organizaban sus vidas, es cada vez más irrelevante» (p. 26).

Asimismo, dice que la predominancia del «ser» está siendo sustituida por la del «devenir», puesto que, si nada permanece igual por demasiado tiempo, el proceso que estudiamos será cada vez más profundo y sostenido

En este escenario en el que nada permanece igual por demasiado tiempo, habita el concepto de posverdad y, tanto en el entorno mediático y de las redes sociales como en el de lo político-institucional y de la reflexión académica, hay una amplia y multidisciplinaria agenda pública abocada a producir, consumir, observar y analizar las denominadas *fake news*.

Estas noticias falsas son contenidos pseudo periodísticos muy emocionales y la mayoría de las veces apócrifos, cuyo objetivo es engañar a los usuarios y que formen opinión en consecuencia. Si bien su existencia no es ninguna novedad en la historia de los medios de comunicación de masas, la gran velocidad de circulación que adquieren en la actualidad, gracias a las plataformas de internet, hace que su viralización[2] sea muy rápida y eficaz.

CORRER EL VELO DE LA TRANSPARENCIA

Si concebimos al lenguaje como acción, este hará que las cosas sucedan. De este modo, el lenguaje genera realidad. Y al respecto dice el autor ya citado:

---

2   La viralización es la capacidad de reproducir información en forma exponencial en las redes sociales que se posiciona fuertemente en las audiencias. Por ejemplo, que un video tenga miles de visualizaciones o que una imagen se comparta a gran velocidad.

> *«Cuando hablamos, modelamos el futuro, el nuestro y el de los demás. A partir de lo que dijimos o se nos dijo, a partir de lo que callamos, a partir de lo que escuchamos o no escuchamos de otros, nuestra realidad futura se moldea en un sentido o en otro»* (p. 35).

Vinculando esta mirada de éxito de las *fake news* propongo pensar que esa popularidad que tienen se funda en el hecho de que estas modelan sentido en los usuarios que creen el cuento que ellas cuentan. Así, cuando las comparten en sus redes sociales, lo hacen porque estos cuentos son empáticos con sus propios cuentos, lo cual equivale a decir que están en sintonía con sus creencias acerca de lo que dicen estas publicaciones pseudo periodísticas.

Un estudio realizado por Ipsos —encargado por el Centro para la Innovación de la Gobernanza Internacional (CIGI) de Ontario, Canadá, en colaboración con la Asociación de la Internet Society de los Estados Unidos y la Conferencia de las Naciones Unidas sobre Comercio y Desarrollo— indica que el 86 % de usuarios de internet creyó en la veracidad de una noticia falsa al menos una vez (de acuerdo con una encuesta realizada a más de 25.000 usuarios de 25 países de América del Norte, América Latina, Europa, Oriente Medio y la región de Asia y el Pacífico). Para el 44 %, eso sucedió más de una vez y solo el 14 % dijo que nunca había caído en alguna *fake news*. Por último, para esos usuarios, la fuente principal de noticias falsas fueron las redes sociales: el 77 % de Facebook, el 62 % de Twitter y el 74 % de los medios sociales en general. Estos datos confirman la idea de que las redes sociales son espacios propicios para la circulación de noticias falsas.

Al evidenciar que las plataformas sociales son el mejor ámbito para la circulación de noticias falsas y apócrifas, podemos comprender por qué tienen un rol central en el ámbito de la política —algo que ocupa y preocupa a los comunicólogos, puesto que, aun utilizando estrategias de comunicación de crisis, es muy difícil enfrentar estas herramientas de confusión y distorsión que apuntan a modelar la opinión pública—.

Vamos a ver algunos ejemplos que ilustran el espíritu temático de este capítulo centrando la mirada en algunas noticias falsas que fueron viralizadas por miles y miles de personas en la red social Facebook. Los usuarios que creyeron en esos contenidos los compartieron, celebrándolos o buscando apoyos —en términos de *likes*, por ejemplo—. Por su parte, quienes los compartieron para expresar malestar o repudio hacia el contenido, también lo hicieron buscando apoyo, aunque intentando lograr que otros fortalezcan sus posturas. A mi criterio, lo único que generan con esa acción es reforzar el marco de ideas de quienes originaron la noticia —si alguien dijera a un grupo de personas que no piensen en un elefante, ¿en qué pensará ese grupo de personas?, lo dijimos más de una vez no usar los marcos contrarios para no posicionar a sus actores—.

Las plataformas virtuales funcionan como espacios de intercambio social y en materia de tecnopolítica se constituyen como burbujas de posverdad, es decir, una semiosfera de contención sígnica o zona de confort donde los cibernautas se mueven seguros, sin reflexionar sobre aquello que comparten e intercambian, puesto que está dentro de sus ideas, valores y marcos de pensamiento.

En una nota que circula en diversos medios gráficos de internet, Daniel Rosales[3] (2018) afirma[4] que en estos tiempos: «(...) aquello que aparenta ser verdad es más importante que la propia verdad, abriendo espacios donde la comunicación se convierte en instrumento de manipulación y propaganda». Asimismo, declara con contundencia: «Los fundamentalismos surgen cuando las convicciones y su correspondiente coherencia emocional, le dan a una interpretación el carácter de verdad, negando otra posibilidad de aprendizaje».

Como fue mencionado anteriormente, las personas que comparten *fake news* no están preocupadas por su veracidad y creen en ellas porque son portadoras de ideas con las que se identifican, porque confirman sus creencias, apelan al emocionalismo y generan empatía.

Una de las claves que propongo para comprender esto es tener en cuenta la multidimensionalidad del lenguaje, ya que si bien lo comprendemos en tres dominios autónomos de la existencia del ser humano (cuerpo, emociones y lenguaje), hay relaciones de coherencia que nos permiten reconstruir fenómenos de un dominio a través de otro. Por ejemplo, el contenido de las *fake news* sería la clave para ilustrar cómo las emociones establecen sintonía con lo que se escucha y con lo que se dice, o viceversa —ya volveremos sobre esto—.

Mientras escribía lo anterior, pensaba en la necesidad de reflexionar acerca del grado de alienación en el que parecen vivir los usuarios de redes sociales. Y debo aclarar que utilizo el término «alienación» resignificando el viejo concepto que la tradición marxista realizó hace casi dos siglos. Para Karl Marx (1818-1883), la alienación es enajenación: la persona deviene mercancía, ya que tiene un equivalente en dinero (la parte de su fuerza de trabajo que se apropia el capitalista, el plusvalor o plusvalía) que se

---

3 Ingeniero Industrial, con posgrado de especialización en Organización y Dirección Empresaria, es Máster Coach, fundador y presidente de la Asociación Argentina de Coaching Ontológico Profesional (2012-2014), miembro del nodo fundacional y presidente de la Federación Internacional de Coaching Ontológico Profesional, además de creador y director de la Escuela Latinoamericana de Coaching.

4 Disponible en http://laredcoaching.com/daniel-rosales-el-coaching-ontologico-ante-la-posverdad/

lo apropia el empresario dueño de los medios de producción. En ese trabajo, tal resignificación está dada por la siguiente analogía: el plusvalor son los votos o apoyos de los usuarios de las redes sociales hacia los políticos (capitalistas) que acumulan plusvalor (seguidores/adeptos/votos/poder). En este esquema, las *fake news* son funcionales a la acumulación del poder (mercancía) y el camino hacia la autodeterminación implicaría asumir el compromiso de ruptura con este esquema; correr el velo de la transparencia para abandonar de este modo esa zona de confort donde pareciera que todo da igual.

En sintonía con los contenidos del libro *Ontología del lenguaje* (2018), concibo la política (que no necesariamente tiene que ver con la militancia partidaria) como un ejercicio para la libertad, donde el camino hacia el poder debería estar disponible para varones y mujeres libres y dispuestos a afirmar su autonomía, que tomen sus propias decisiones y gestionen acciones en consecuencia. En ese texto, su autor sostiene que el camino del poder: «no está abierto a almas en cautiverio, no es el camino para almas esclavas, no es (...) el camino del rebaño (...) Quienes no sean libres caerán al abismo y no podrán efectuar el cruce» (p. 406).

Asumimos, de esta manera, que, en un rol activo, las personas estarían en condiciones de abandonar el papel de receptores anestesiados para constituirse como responsables de los contenidos culturales, políticos e informativos que producen, que consumen y que hacen circular en las redes, y a los cuales chequean, investigan, abren al debate y cuestionan, si lo consideraran pertinente.

Si pensamos esto desde el punto de vista del coaching ontológico, el gran paso es poner en duda qué contenidos y productos se consumen y se reproducen habitualmente, abriendo juicios fundados sobre ellos. Tal ejercicio de salida que permite correr el velo nos dará la posibilidad de comprender el comportamiento y el impacto de esas publicaciones emocionales y de gran credibilidad que circulan en las redes sociales y alteran informaciones sobre las personas y/o sobre los hechos —cuestiones que golpean cotidianamente el ámbito de la política, sobre todo en escenarios virtuales desde los que se trasladan a los medios masivos tradicionales y al territorio y que afectan la identidad de, por ejemplo, un candidato político—.

CREENCIAS Y POSVERDAD

En nuestro país, hay 41.590.000 personas conectadas a la *world wide web*, lo cual equivale a decir que 92 de cada 100 argentinos tiene acceso a la red internet y a todas sus plataformas.

Ante esta realidad, cualquier cibernauta tiene la posibilidad de producir, hacer circular y consumir información. Utilizando un teléfono móvil, una *tablet* o una computadora de escritorio o portátil, pagando internet o usando la conexión de una red abierta de datos, los cibernautas ingresan en las redes y las habitan como prosumidores[5] que realizan afirmaciones, pronuncian declaraciones o emiten juicios generando opinión acerca de otras personas, organizaciones o empresas que comparten el mismo espacio de intercambio social —entre ellos, políticos u organizaciones políticas—.

Innumerable cantidad de sitios web, blogs, medios online y redes sociales aparecen ante las personas como espacios aptos para el decir propio y ajeno; espacios en los que los usuarios pueden comentar, decir lo que piensan, calmar su necesidad de ser famosos por un rato, sentir que son escuchados por otros, que están conectados con ellos o alterar el rumbo de las cosas.

Las plataformas de internet son espacios de producción y reproducción de actos lingüísticos, morada de juicios e interpretaciones, afirmaciones y declaraciones que integran el discurso de doña María y de don Carlos, de organizaciones del sector público y privado, de empresas e instituciones, de acciones colectivas, de funcionarios e *influencers*[6], de partidos políticos y de dirigentes políticos que conviven con millones de usuarios de falsa identidad —*trolls*— o *bots*[7] de internet.

Lo cierto es que todos estos usuarios «truchos» —de manera planificada o en forma intuitiva— utilizan las herramientas digitales disponibles para comunicarse de manera efectiva con sus potenciales amigos, contactos, usuarios, clientes, electores y/o ciudadanos. Como dice Echeverría (2018):

> *«Basta pensar en las infinitas oportunidades en las que una persona, un grupo, un país cambiaron de dirección y alteraron su historia porque alguien dijo lo que dijo. De la misma manera,*

---

5 Fusiona las palabras productor y consumidor. Se utiliza para describir a personas que no solo consumen productos y servicios sino que además producen contenidos y opiniones. Debemos este concepto a Alvin Toffler, quien en *La Tercera Ola* (1979) afirmó que los consumidores debían tomar parte del proceso productivo y ser facilitadores de este. En las redes sociales, el concepto esconde el hecho de la explotación de este sujeto, que produce sin percibir salario en un mercado de consumo que lo deja afuera del plusvalor que podría generar su producción.

6 Influenciadores: personas que detentan credibilidad sobre determinados temas; algunos tienen tanta «prédica» que son contratados por quienes desean posicionarse en los medios sociales.

7 Aféresis de «robot», es un programa informático que realiza tareas que no podría realizar una persona. Viven en internet y, entre muchos otros, hay rastreadores de motores de búsqueda que recopilan información de los usuarios; espías de seguridad de software; y sistemas de inteligencia artificial que simulan ser una persona que conversa con alguien que requiere información.

> *reconocemos que la historia (individual o colectiva) hubiese po-*
> *dido ser tan diferente de lo que fue si alguien hubiese callado, si*
> *no hubiese dicho lo que dijo» (p. 34).*

Sumado a esto, como dijimos en capítulos anteriores, la política y los políticos renovaron su relación con los electores, adecuando su discurso a los distintos soportes comunicacionales de la tecnopolítica, a sus lenguajes y a sus estéticas, teniendo en cuenta, además, el ya mencionado contrato de lectura que se sustenta en la idea de que la gente no lee si no siente lo que está leyendo.

Sabemos que en el ecosistema actual los habitantes están cada vez más solos aunque estén cada vez más conectados, de modo que el devenir se caracteriza por un repliegue del sujeto sobre sí mismo, donde lo relacional gestiona formas de comunicación interpersonal de distinto grado de intimidad, mediatizadas por la pantalla como gran espacio de contacto del nuevo milenio.

En tiempos en los que la emoción le gana a la razón, el terreno de la comunicación social es cada vez más fértil para una tecnopolítica que lo abona de trascendidos y noticias falsas, profundamente emotivas, sensacionalistas y amarillistas, que apuntan a modelar la opinión pública. Como ya vimos, estas nuevas formas de interacción son constantes y tienen un anclaje muy fuerte en los soportes de internet. En consecuencia, los contenidos políticos que habitan y circulan en estos soportes comunicacionales no son inocentes —el lenguaje jamás lo es—.

Al analizar datos de la realidad democrática de Latinoamérica, estas cuestiones resultan preocupantes, como vimos en los resultados del informe de la organización Latinobarómetro de 2018 en capítulos anteriores. En este sentido, no sorprende que la gente crea en la veracidad de la información que circula en internet sin cuestionarla y sin dudar de ella —sobre todo, la que leen en las redes de personas de su círculo de contactos más cercanos, porque les revisten más confianza que los medios o los políticos—.

Lo realmente sorprendente es el hecho de que, aunque pueda alertarse sobre la presencia de *fake news* a quienes las comparten y se les explique que son noticias falsas que buscan dañar, desinformar o confundir a la opinión pública, pareciera que a nadie le importa demasiado, ya que en general no eliminan los posteos que realizan para compartirlas.

Todo parece indicar que quienes consumen y reproducen este tipo de productos comunicacionales están interesados en ese contenido porque se identifican con él dado que incluye cuestiones vinculadas con sus sentimientos, sus pensamientos y sus creencias.

Hemos mencionado en más de una ocasión que, para el trabajo de comunicación política, las estrategias más exitosas son las que utilizan técnicas narrativas creadas en sintonía con las creencias de sus destinatarios para cooptar electores, ya sea haciendo promesas que no cumplirán o generando informaciones mentirosas sobre los rivales o como producto de técnicas de investigación para garantizar la llegada de los mensajes a los electores.

Para cerrar este apartado y redondear mis afirmaciones, diré que nuestras creencias dan forma a nuestras acciones. Según Robert Dilts (1990/2015), son muy poderosas: «Nuestras creencias acerca de nosotros mismos y de lo que es posible en el mundo que nos rodea tienen un gran efecto sobre nuestra eficacia cotidiana» (p. 11).

Y como adelantamos en el capítulo sobre mapa y territorio —aunque con otros fines—, diremos que las creencias son los mapas con los que damos sentido a nuestro mundo, razón por la cual es evidente que si compartimos creencias, nos identificamos con aquellas personas que comparten similares formas de ver el mundo.

En este marco, y a efectos de enriquecer nuestras reflexiones acerca de la posverdad, creo interesante concluir remitiendo a Joseph O´Connor y John Seymour (1990/2012): «Cuando creemos algo, actuamos como si fuera verdad; y esto lo hace difícil de reprobar porque las creencias actúan como filtros perceptivos singularmente potentes. Los hechos se interpretan en forma de creencias (...). Lo que hacemos mantiene y refuerza nuestras creencias; las creencias no son simplemente mapas de lo que pasó, sino planes o estrategias para acciones futuras» (p. 131-132).

¿COMO TE DIGO UNA COSA TE DIGO LA OTRA?

Dije en varias ocasiones que el lenguaje no es inocente y agrego que cuando nos comunicamos asumimos un compromiso con las personas con quienes lo hacemos. Y antes de seguir, reviste interés concentrarnos al menos en tres actos lingüísticos que debemos tener presentes a la hora de hacer comunicación y asesorar políticos: las afirmaciones, las declaraciones y los juicios.

Hacer una afirmación acerca de algo es describirlo tal como lo observamos, lo cual no es lo mismo que describirlo como es, ya que eso no lo sabemos —observamos de acuerdo con las distinciones que poseemos—. Dice Echeverría (2018) al respecto: «Los seres humanos observamos según las distinciones que poseamos. (...) Los esquimales pueden observar más distinciones de blanco que nosotros. La diferencia que tenemos con ellos no es biológica. Nuestras tradiciones de distinciones son diferentes. Por lo tanto, la pregunta ¿cuántos tonos de blanco hay realmente allí? solo tiene sentido en el contexto de una determinada tradición de distinciones» (p. 32).

En la arena política actual de la Argentina, donde circulan discursos sociales bastante antagónicos, las afirmaciones suelen confundirse con los juicios (más adelante hablaremos sobre ellos). Muchos dicen: «El gobierno anterior se robó todo». Otros contestan: «Los del gobierno actual se están llevando la plata afuera». Si son cuestionados, ambos reafirman sus interpretaciones diciendo: «Lo que digo es la verdad porque está a la vista, estoy haciendo una descripción de la realidad tal como es».

Las declaraciones, por su parte, son aquellos actos lingüísticos mediante los cuales generamos una nueva realidad. No son verdaderas o falsas como las afirmaciones, sino válidas o inválidas —dependiendo del poder que detenta la palabra de la persona que las formula—. Podemos decir «no», «sí», «no sé», «perdón», «gracias», «te amo» y en cada declaración nos comprometemos con la validez de lo que decimos.

Por último, con respecto a los juicios, diremos que tales actos lingüísticos viven en la persona que los formula, es decir, el compromiso del orador no reside en la evidencia, sino, en todo caso, en fundamentar lo que dice, pues puede ser debatido o impugnado. Son un tipo de declaración que genera una interpretación atravesada por creencias, por ejemplo.

Las afirmaciones son muy importantes a la hora de fundamentar los juicios que emitimos y, dependiendo de la interpretación que debamos validar, utilizaremos más o menos afirmaciones para hacerlo. Ahora bien, aquello que diferencia a los juicios de las afirmaciones son los compromisos sociales que implican: una afirmación necesita evidencia (un testigo puede dar cuenta de ella o no), en tanto, la emisión de un juicio tiene un compromiso doble, puesto que supone tener autoridad de emitirlo y ofrecer fundamentos para validarlo.

Afirmaciones verdaderas y falsas. Juicios fundados o infundados. Posverdad y discursos sociales. Política y antagonismos. Respeto (y falta de) por la interpretación del otro. Emocionalidad programada. Mentira. Verdad. Yo no miento, ella miente. Él miente, yo no miento. Es verdad la verdad. Es mentira la mentira. Es mentira la verdad. Es verdad la mentira. Y la lista podría continuar en un universo diverso en el que los antagonismos políticos se tornan obscenos en la lucha por la hegemonía[8]. Porque de eso se trata.

---

8   Remitiendo a Antonio Gramsci (1891-1937) como faro para entender la hegemonía, si la lucha por las ideas es una lucha social, es análoga a la lucha que los distintos sectores sociales protagonizan por ser hegemónicos. De tal forma, habrá superficies discursivas afines, con matices o contradictorias y que, según de cuáles se trate, manifestarán tensiones más o menos evidentes. Luchamos por el dominio de un campo discursivo para que nuestras ideas sean las ideas que dominen la época.

MENTIRA LA VERDAD[9]

Llegados a este punto —y antes de ocuparnos de una suerte de corpus de análisis— reflexionemos brevemente acerca de la idea de verdad.

En una entrevista televisiva, Darío Sztajnszrajber[10] afirma que la verdad no existe, aunque se generen consensos muy direccionados desde ciertos estratos de poder para establecer que determinadas ideas pasen como si fueran verdaderas. Si nos centramos en la cuestión de la posverdad, es interesante lo que dice este filósofo: «Todo el mundo sabe que está todo armado pero todo el mundo necesita y quiere creer en eso igual. ¿Por qué? Porque le cuaja. Porque le sirve. Porque entrama con sus intereses»[11].

Según sus dichos, salir de esta suerte de trampa también es posible. ¿Cómo? Deconstruyendo: poniendo todo en cuestión —hasta lo más cotidiano de lo cual uno nunca dudaría—; mostrando que, en el fondo, esas construcciones pueden redefinirse, regenerarse, resignificarse o construirse de otro modo. De esta manera, y en el ámbito que nos ocupa, la deconstrucción sería posible reflexionando, investigando, cuestionando y cambiando los marcos que sostienen determinadas creencias.

Con una mirada filosófica que cabalga entre la vertiente apocalíptica y la integrada, Zygmunt Bauman[12] también propone una salida —cuestionar— a lo que llamó la «modernidad líquida» y que, entre otras cosas, describió como espacios habitados por «informaciones líquidas», no verificadas y que a diferencia de las sólidas no comprueban su veracidad. En sintonía con lo que venimos sosteniendo, Alejandro Ramos Chávez (2017) incluye el concepto de *bullshit* y en un trabajo sobre información líquida y posverdad habla de los *bullshiters* para referirse de los manipuladores o charlatanes que se presentan como personas que transmiten información cuando en realidad se trata de farsantes que lo único que pretenden es manipular las opiniones y las actitudes de las personas que los escuchan, miran o leen.

---

9 Este subtítulo lleva el nombre del programa de televisión centrado en la filosofía y emitido desde 2011 por canal Encuentro. Su producción y conducción es del filósofo Darío Sztajnszrajber.

10 Filósofo, ensayista y docente. Desarrolla una labor de divulgación de la filosofía por la que fue premiado por la Fundación Konex (2017).

11 Disponible en https://www.youtube.com/watch?v=BQn7EZTLhgM

12 (1925-2017), sociólogo, filósofo y ensayista que desarrolló el concepto de la modernidad líquida y que junto con Alain Touraine, recibió el premio Príncipe de Asturias de Comunicación y Humanidades.

ALGUNOS EJEMPLOS Y ANÁLISIS *AD HOC*

A continuación, analizaremos algunas noticias falsas que circularon y fueron muy virales en las redes sociales en los últimos tiempos, para ilustrar las reflexiones que esta autora realiza en este trabajo.

Ejemplo 1

Una supuesta nota del diario *Clarín* acerca de la cual la publicación digital *Chequeado*[13] informa que jamás fue publicada por ese diario. Se trató de una captura de pantalla trucada de una nota de 2015, cuyo título era «Vivir en 30 metros cuadrados, una tendencia que crece entre los porteños», a la cual se le alteró el texto de la bajada (copete o *lead*), como así también la fotografía original que era una persona de camisa y corbata dentro de un departamento y que fue reemplazada por una imagen de otro informe publicado por la agencia de noticias Télam en 2017 con relatos de familias en situación de calle. Esta *fake news* fue compartida más de 18.000 veces desde, tan solo, una de las cuentas de usuario que la publicó en la red social Facebook.

Llego a esta publicación cuando la veo en el muro de una persona conocida, donde ella y sus contactos proferían insultos y acusaciones contra el diario que para ellos la había emitido. En lo personal, advertí que se trataba de una publicación falsa y le escribí a mi contacto por vía privada para alertarla, puesto que cada vez eran más y más los que opinaban y compartían ese posteo con información falsa. El resultado de mi acción fue que la persona no solo no eliminó la *fake news,* sino que me dijo muy convencida: «No importa si esto es o no es verdad, de Clarín podes esperar cualquier cosa y esto es algo que con tal de justificar al gobierno, podrían publicar».

Ejemplo 2

En este caso, hablamos de una publicación falsa que muestra la foto de una joven mujer que, supuestamente, es hija de Cristina Fernández de Kirchner y a quien escondió por tener un «retraso mental». Esta persona no solo no es familiar de la expresidenta, sino que no se llama Carolina Pulqui (como dice el título de la *fake news*). Su nombre es Noelia Garella y es una cordobesa que tiene síndrome de Down y que fue noticia hace un tiempo porque se recibió de maestra jardinera.

El mismo medio[14] citado en el ejemplo anterior —que utilicé para chequear y confirmar mi sospecha respecto de algunas noticias de este

---

13 Disponible en https://chequeado.com/verificacionfb/no-clarin-no-publico-una-nota-titulada-vivir-en-la-calle-una-tendencia-que-crece-entre-los-portenos/

14 Disponible en https://chequeado.com/el-explicador/es-falso-que-cfk-tiene-una-hija-escondida-con-sindrome-de-down/

tipo— explica que esta desinformación fue compartida casi 10.000 veces en Facebook y circuló además por Whatsapp y en medios televisivos. Cuando la madre de Noelia supo lo que estaba pasando, alertó a los medios y en las redes sobre la existencia de esta información falsa que aún hoy continúan compartiendo en las redes sociales muchísimos usuarios que no simpatizan con la Dra. Fernández de Kirchner.

Ejemplo 3

Los zócalos de las pantallas televisivas pueden adulterarse en fotografía y son un clásico para la producción de noticias falsas. Tal es el caso de una imagen que muestra a María Eugenia Vidal siendo entrevistada por un canal de TV, con la pantalla partida: de un lado, la gobernadora, de otro lado, un aula vacía con un pizarrón que reza la palabra «PARO» y un zócalo que entrecomilla «Los maestros, si quieren más dinero, que trabajen de otra cosa».

No pudo confirmarse que eso lo haya dicho la gobernadora, aunque en la red social Facebook, la noticia falsa, en tan solo dos posteos (el primero, de julio de 2017 y el segundo, de abril de 2018) tuvo 61.000 compartidos.

La imagen en cuestión proviene de una entrevista de 2017 y la búsqueda de esa declaración de la gobernadora provincial en el sitio de Canal 13 y en Google no arroja tal registro —según expresa el medio[15] que estamos consultando para analizar estos ejemplos—.

Ejemplo 4

Circuló una imagen de, supuestamente, el diario *La Nación* con una foto de Juan Grabois y sus dichos: «Los refugios que tiene la ciudad son fachos, obligan a la gente a bañarse, a levantarse temprano y a cumplir horarios».

Lo cierto es que tal cita nunca fue proferida por el dirigente social, aunque su circulación fue de gran utilidad para quienes deseaban multiplicar agravios e insultos hacia él. *Chequeado* afirma que sobre esto Grabois declaró[16]: «En los últimos dos meses hay ataques muy fuertes hacia movimientos sociales y hacia mí en particular (...) la intención es demonizar las organizaciones sociales».

Ejemplo 5

El último ejemplo tiene una lógica diferente. No se construye como una *fake news,* sino como un reflejo de la opinión de los lectores que recortaron una nota periodística mediante una operación metonímica que

---

15 Disponible en https://chequeado.com/el-explicador/es-falso-que-vidal-dijo-los-maestros-si-quieren-mas-dinero-que-trabajen-de-otra-cosa/

16 Disponible en https://chequeado.com/el-explicador/no-grabois-no-dijo-que-los-refugios-para-personas-sin-techo-de-la-ciudad-sean-fachos/

tomó una parte de la ella (el título) y construyó un «cuento» que nada tiene que ver con el todo (el contenido de la nota en cuestión).

Muchos de los que se contaron ese cuento daban por hecho que en la «Argentina del ajuste» venderían este producto comestible a los que no pudiesen comprar la pizza entera. Se trata de un artículo[17] que produjo el medio gráfico digital *Info35* acerca de otra nota periodística[18] recuperada en la versión digital de *Infobae* (ambas circularon en las redes sociales, casi a mediados de julio de este año). Los enojados usuarios de Facebook que compartían la información desde el primer medio citado no reparaban en el contenido de la noticia (entre otras cosas, decía que la corteza sería elaborada con masa fresca y que para que se ajuste a la imagen y al sabor de los consumidores meta, sería salpicada con salsa de tomate y queso). Tampoco tuvieron en cuenta que la cadena de pizzerías de la que hablaba el diario tiene sus locales en los Estados Unidos y no en nuestro país.

Por lo dicho hasta acá, podemos afirmar que las personas no chequean la veracidad de aquello que circula en las redes sociales y con lo que se identifican, sobre todo en el ámbito de las ideas y de la política. A tal punto es así que Julieta Haidar (2018) sostiene:

> *«En relación a la mentira, lo más interesante, contundente e ineludible es la mentira política y su complejo funcionamiento (...) El sujeto político está atrapado, sin salida por la mentira (...) En esta relación entre los sujetos políticos y los sujetos electores, hay una especie de convenio subterráneo, implícito en la circulación de la mentira presente en los ámbitos de la posverdad. De tal modo que asistimos a un fenómeno peculiar de lo político, que implica que la verdad no puede ser la estrategia de la eficacia, sino la mentira o lo verosímil, que es el funcionamiento del parecer, no del ser (...) los hechos objetivos influyen e importan menos en la opinión pública, que las apelaciones a la emoción, dimensión fundamental en la subjetividad»* (p. 7).

De lo anterior, concluimos que las redes sociales son un espacio propicio para la producción de estas falsedades que apelan a las emociones y que circulan en burbujas donde quienes comparten la semiosfera piensan más o menos lo mismo y de este modo se sienten a salvo.

---

17 Disponible en https://info135.com.ar/2019/07/13/militando-el-ajuste-infobae-te-cuenta-que-abrio-un-local-que-vende-bordes-de-pizzas-y-lo-define-como-el-sueno-de-muchos/

18 Disponible en https://www.infobae.com/tendencias/2019/07/12/el-sueno-de-muchos-una-pizzeria-vendera-porciones-de-bordes/

Los actores sociales viven en imaginarios creados por las redes sociales donde existe una verdad aparente que los hace vivir una realidad que está más allá de la realidad.

MUNDOS INTERPRETATIVOS Y NARRATIVIDAD

Sin profundizar en sus aportes porque nos desviaríamos del objetivo de este trabajo, es interesante remitir a Jean Baudrillard[19] y su crítica hacia los *mass media*[20] como portadores de una hiperrealidad que expone la realidad como más real[21] que ella misma.

De este modo, la realidad es reemplazada por un simulacro. El autor explica esto tomando el caso de la televisada guerra del Golfo —una teatralización televisiva[22] del campo de batalla que los televidentes creyeron cierta, aunque se tratara de unos mapas de la realidad que nada tenían que ver con el territorio que simulaban—.

Que el mapa no es el territorio ya lo dijimos varias veces en este libro para explicar que lo que conocemos del mundo está mediatizado por nuestra experiencia. Ahora bien, una cosa es entender que la realidad se nos aparece con los filtros de los observadores que experimentamos esa realidad y otra muy diferente es mostrarle al mundo como verídico algo que no lo es —tal como lo que enuncia Baudrillard en su trabajo sobre la guerra de 1991, cuyas imágenes televisivas se nos presentan hoy como *fake news* de entonces—.

Creo en la idea de que no podemos decir cómo las cosas son realmente, sino que podemos dar cuenta de cómo las interpretamos. Además, en este paradigma, todo lo dicho siempre es dicho por alguien, y esto nos lleva al primer principio de la ontología del lenguaje que, como sostiene Rafael Echeverría (2018), podemos formular del siguiente modo: «No sabemos cómo las cosas son. Sólo sabemos cómo las observamos o cómo las interpretamos. Vivimos en mundos interpretativos» (p. 40).

Recapitulando y vinculando todo lo que venimos analizando en este capítulo, podemos concluir que no es posible hablar de la verdad porque qué otra cosa es la verdad, sino pretender que las cosas son como decimos

---

19 (1929-2007), filósofo y sociólogo francés, famoso por sus análisis sobre la posmodernidad y el post estructuralismo. Entre otras cosas, tradujo obras de Karl Marx, Bertolt Brecht y Peter Weiss.

20 Anglicismo que define a los medios de comunicación de masas.

21 No hablamos del «real» lacaniano, sino de lo que el sentido común entiende como lo real o realidad.

22 Se refiere al libro *La guerre du Golfe n 'a pase eu lieu* que el mencionado autor publicó el mismo año en el que tuvo lugar el conflicto bélico.

que son, lo cual no significa que las cosas sean eso y que tal cosa comporte su verdad. Negar lo que las cosas son no es negar su existencia, sino negar que podamos conocerlas como son en realidad, independientemente de quién las observa.

En consecuencia, *Ontología del lenguaje* (2018) nos dice:

> *«El conocimiento revela tanto sobre lo observado como sobre quien lo observa. Perfectamente podríamos decir: dime lo que observas y te diré quién eres (...) una de las premisas centrales de la disciplina que hemos bautizado con el nombre de 'coaching ontológico'. Ella descansa en la capacidad de observar lo que alguien dice con el propósito no sólo de conocer aquello de lo cual se habla, sino de conocer (interpretar) el alma (entendida como la forma particular de ser) de quien habla»* (p. 42).

Así, cualquier cosa que digamos va a generar tantas interpretaciones como personas escuchen aquello que decimos. Por ejemplo, si dando clase ante doscientas personas hago una definición acerca de las bondades de tal o cual sistema político, estoy emitiendo un juicio que mis alumnos incorporarán a sus conocimientos. Por su parte, si el profesor de tenis de una de mis alumnas habla de los mismos sistemas políticos mientras le enseña cómo realizar un *smash*, es probable que sus opiniones no sean interpretadas por mi alumna con la misma fuerza como las que proporcioné en mi clase. Esto es así porque es muy probable que, como observadora, mi alumna de Tecnopolítica le otorgue más poder a mi interpretación acerca de las bondades de tales o cuales sistemas políticos que a la del profesor de tenis. Ya dijimos en más de una ocasión que el lenguaje no es inocente y esto es una muestra de tal declaración. Al respecto, citemos una vez más a Echeverría:

> *«Toda proposición, toda interpretación, abre y cierra determinadas posibilidades en la vida, habilita o inhibe determinados cursos de acción. A esto nos referimos cuando hablamos del poder de distintas interpretaciones: a su capacidad de abrir o cerrar posibilidades de acción en la vida de los seres humanos. Este es el criterio más importante que podemos utilizar para optar por una u otra interpretación»* (p. 44).

En el ámbito de la tecnopolítica y la comunicación —y en otros— los seres humanos somos seres lingüísticos que disputan la verdad o al menos la verosimilitud de nuestras interpretaciones. En este marco de análisis, está en juego el poder de esas interpretaciones y su capacidad de acción para transformarnos a nosotros mismos y al mundo en el que vivimos.

Para finalizar este apartado, diré que gran parte de esta obra se enmarca en el paradigma del coaching ontológico y que por esa razón no se concibe el lenguaje como lo hace la concepción tradicional —en forma descriptiva y pasiva, donde la realidad viene primero y el lenguaje viene después—. En mi perspectiva, reemplazamos esa concepción de lenguaje por el paradigma que lo entiende como acción y, en tanto tal, como una fuerza poderosa que genera nuestro mundo humano porque para nosotros el lenguaje genera realidad.

Los actores sociales vivimos en mundos lingüísticos y nuestra realidad también lo es, puesto que creamos un mundo con nuestros relatos y la capacidad que nos proporciona el lenguaje para coordinar acciones con otros. La política en general y la comunicación política en particular deberían incorporar a sus intereses estas cuestiones no solo en tiempos de campañas políticas, sino en todo el recorrido de un dirigente político que desee trascender.

¿Y AHORA QUÉ?

El concepto de posverdad ingresó en la agenda pública fuertemente, a partir de 2016, cuando el diccionario de Oxford designó la palabra «posverdad» como palabra del año. Tal «galardón» se debió a la cantidad de menciones que tuvo ese año: un dos mil por ciento más que el año anterior. Se atribuye esto a dos cuestiones de la escena política mundial: por un lado, la campaña de Donald Trump, en los Estados Unidos de América, y por otro, el fenómeno de Brexit, en Inglaterra —que si bien ponen en el tapete el concepto, este no tiene nada de novedoso—.

Dice el diario *La Vanguardia*[23] (2017) respecto de esto que señalamos: «En ambos casos se manifestaron con toda su intensidad las condiciones a las que se refiere la "posverdad": un contexto en el que la opinión pública se conformará más por la apelación a la emoción o las convicciones personales que por el reconocimiento del hecho objetivo».

Asimismo, la circulación e importancia del uso, la reflexión y el análisis de este concepto también lo considero en sintonía con la fuerte crisis que registran los partidos políticos, la política, los políticos y los medios de comunicación tradicionales, en el marco de un mundo que está interconectado y cuyas ciberculturas producen, consumen y reproducen sin límites ni regulación normativa cualquier tipo de contenido.

---

23 Disponible en https://www.lavanguardia.com/que-estudiar/20170216/4269722375/trump-brexit-posverdad-estrellato.html

Por tal motivo y poniendo en modo prueba los ejemplos analizados anteriormente, parafraseando al ya citado Alejandro Ramos Chávez (2018), es imposible pensar en la idea de verdad a la hora de analizar la política a través de sus discursos.

En el campo comunicacional de la tecnopolítica, las categorías «verdadero» o «falso» hoy conviven con las que se centran en los sentimientos, emociones y percepciones. La *big data* es un ejemplo de demoscopia moderna que nos trae información acerca de qué generan los discursos políticos en materia de emociones, percepciones, preocupaciones, expectativas y sentimientos —incluidas, como tales discursos, las *fake news*—.

Ya hablamos de la verdad y de la mentira. También mencionamos que la manipulación discursiva es una herramienta para la formación de opinión pública a favor y en contra de una idea o de una persona. Analizamos la semiosfera de la posverdad como ese espacio en el que no importa si algo es verdad o mentira, sino la identificación con enunciados que incluyen juicios acerca de alguien o algo y que circulan en una burbuja que es una suerte de zona de confort en la que sus integrantes se encuentran a salvo y fluyen con quienes piensan lo mismo sobre cuestiones que, en principio, no revisten necesidad de investigación o cuestionamiento alguno.

Las noticias falsas son cuentos que, además de construir discursos acerca de algo o de alguien, son profundamente emocionales, y las emociones también son distinciones que generan acciones y nos predisponen a posicionarnos con tal o cual estado de ánimo. En este sentido, es ilustrativo el caso sobre la supuesta hija de Cristina Fernández de Kirchner, ya que habrá favorecido la proliferación de juicios negativos y emociones de rechazo y desagrado de quienes compartieron la noticia falsa porque les confirma lo que piensan de la exmandataria.

Una nota publicada el martes 23 de julio de este año, en la sección «Política» del periódico digital *El Economista*, indica que los argentinos nos informamos a través de medios online[24]. Asimismo, ofrece una serie de datos extraídos de un estudio que elaboraron la Universidad de Oxford y el estudio Reuters sobre 74.000 encuestas online realizadas en 37 países. Entre otras cosas, surge que el 86 % de los encuestados dice que en internet están sus fuentes de noticias, que 6 de cada 10 argentinos comparte noticias en las redes sociales, que 9 de cada 10 argentinos se informa por internet y que solo el 12 % de los encuestados pagó por las noticias que consumió en 2018.

Los datos consignados no revisten problema alguno, siempre y cuando no los vinculemos con el estudio que presentamos al comienzo de este

---

24 Medios gráficos digitales de información y noticias y redes sociales.

capítulo que indica que el 86 % de los usuarios de internet creyó en la veracidad de una noticia falsa al menos una vez.

Debemos sumar a la reflexión el hecho de que las personas, además de informarse en los medios sociales, también constituyen en ellos sus relaciones sociales. El escenario de las interacciones conversacionales cambió definitivamente desde la llegada de las redes sociales. La pérdida de solidez de los procesos sociales en presencia, la caída estrepitosa del índice de confianza de los sujetos sociales y el repliegue del sujeto sobre sí mismo se suman a un tiempo en el que la soledad conectada ocupa un lugar de relevancia.

En este escenario de sujetos alienados, transita la posverdad. La ya citada Julieta Haidar (2018) dice al respecto: «(...) frente a la crisis de credibilidad, a la crisis de valores (...) no logran tener un pensamiento crítico, sino que se ahogan en la alienación total, y pasan la credibilidad a la posverdad, al ámbito contrario a la verdad» (p. 14).

Somos los cientistas sociales y los investigadores quienes debemos echar luz sobre la oscuridad si es que nadie lo hace. Estaríamos ayudando a los seres humanos a distinguir los hechos de las interpretaciones y a cambiar el observador para «salir de la caverna» —o, parafraseando a Sztanjnszrajber, para despojarte de aquello que das por supuesto—.

En el devenir histórico de las ciencias humanas, suena como un lindo desafío el de desenmascarar —o al menos intentarlo— a quienes pretenden erigirse como portadores de una única verdad, para que no lo logren o al menos para que los destinatarios menos avezados no se dejen manipular. La realidad no existe separada de la contemplación de los objetos del mundo y de los hechos y, en este sentido, cada uno de los seres humanos dará sentido a esos hechos según su propia experiencia y sus propios mapas. No nos olvidemos que la realidad es el territorio y el mapa jamás será una copia exacta de él.

Para finalizar, parafraseando a Rosales (2018), postulamos que es necesario promover acciones para liberar al mundo de la manipulación de estos tiempos, donde cobra relevancia el compromiso de «tener razón» al igual que la ilusión de que todo gire en torno a un relato, que es el que determina el espacio de acción, en un marco de posibilidades muy finito.

Sería más que enriquecedor que las ciencias sociales y humanas salgan de la transparencia en la que se encuentran respecto de nuevas miradas científicas, y recurran a propuestas epistemológicas tales como el coaching ontológico y la programación neurolingüística para facilitar y promover una transformación cultural que nos permita posicionarnos como personas libres.

La comunicación política tiene un lindo desafío en el campo de las *fake news* y es el de convertir la fuerza del oponente en su propia fuerza, como en el Aikido.

CAPÍTULO 7
EPISODIO FINAL

Hemos recorrido un trecho con saltos y curvas. Su transcurrir es un constante volver hacia atrás, avanzar, frenarse, ir de atrás para adelante o de adelante para atrás. No obstante ello, algunas cuestiones de este libro son más que claras. Insistí una y otra vez sobre ellas.

Los grandes temas de los que no tiene que quedar duda alguna para hacer comunicación política son:

- ▶ El diagnóstico y la planificación.

- ▶ El uso creativo y atinado de todos los espacios habilitados para la comunicación política hoy ubicados en dos grandes escenarios: el territorio e internet.

- ▶ La microsegmentación para llegar a quien tenemos que llegar en la forma que nos esperan.

Dicho de este modo parece muy sencillo. Y lo es. Aunque no de cualquier modo. Quedó claro. Creo.

Acordamos que la investigación y el análisis de los resultados recogidos comportan un primer paso para diseñar una campaña política de manera estratégica. Partiremos de un diagnóstico inicial que —también dije una y otra vez— no concluye en ese momento, puesto que es necesario que las herramientas de sondeo sigan en proceso para monitorear la ejecución de la campaña, sosteniéndola o corrigiendo las acciones en la implementación del plan.

Dijimos, además, que si el candidato gana las elecciones la investigación también debe continuar el despliegue de herramientas de control de proceso, puesto que es necesario evaluar el programa de gobierno en acción y realizar las correcciones que sean necesarias en términos de satisfacción ciudadana.

¿Queremos renovar el puesto electoral? ¿Queremos garantizar la gobernabilidad? Pues, señoras y señores, debemos monitorear lo que hacemos en términos de gestión. Si no, no hay posibilidad alguna de responder esos interrogantes de manera positiva —excepto que haya condiciones ajenas a la gestión que administramos—.

Volvamos al ejemplo del intendente para recordar a los lectores que la gestión que encabeza puso en marcha el proyecto político que lo llevó al triunfo. Si una vez en el poder continúa utilizando herramientas de consulta y participación, actualizará su programa de gobierno en función de los logros y de las nuevas necesidades que surjan en esa relación dialógica que establece con la ciudadanía a través de las herramientas de investigación. Si quisiera renovar su puesto, dará cuenta del cumplimento de los compromisos de gobierno y de la escucha social, lo cual comporta una gran posibilidad para su reelección.

Con diagnóstico permanente, tendremos un camino más claro y más ordenado. Ya lo dijimos: los electores votan a los candidatos que mejor representan sus valores e intereses, y si los perciben bien lejos de la idea de que «los políticos son todos iguales», mejor aún.

Comparto con Alfredo Dávalos López (2014) la idea de que en las campañas políticas hay temas conocidos por todos que las atraviesan a todas por igual. Por ejemplo, la seguridad es una temática que abordan casi todos los políticos, independientemente de si es un eje de campaña o no lo es. En este sentido, es importante tener muy claro cómo jerarquizamos los temas y de qué manera hacemos que lleguen a los segmentos que están esperando que hablemos de ellos. Esto tendrá el trabajo adicional de estudiar a nuestros oponentes: quiénes son, cómo trabajan, cuáles son sus fortalezas y cuáles son sus debilidades, entre otras cosas que nos servirán para construir la identidad fuerte que nuestro candidato espera que construyamos juntos.

Pensar una campaña política con planificación, de manera ordenada, donde nada quede librado al azar, requiere que el trabajo de investigación y de diagnóstico sea tenido en cuenta para definir estrategias sobre cuestiones planteadas por los electores y no sobre caprichos de un candidato o de su círculo de «amigos».

La calendarización que surja ordenará temas y actividades en una línea de tiempo que, seguramente, va a ir ajustándose a medida que los días pasen, pero que será una guía cuyo objetivo final estará fijado el día de las elecciones.

Tenemos que llamar la atención de los indecisos y darles lo que nos pidan. Nuestros mensajes serán recordables, simples, creíbles y estarán provistos de contenidos emotivos. La publicidad se adecuará a la estrategia como un recurso más, puesto que comunicar las ideas de un candidato político no es hacer marketing de alfajores. De lo que somos como equipo de comunicación dependerá la fortaleza de la imagen de nuestro candidato.

El camino no estará libre de dificultades. Tendremos que lidiar con *fake news* y aprender recursos que hasta hace un tiempo eran impensados (*emojis*, memes, juegos, redes). Habrá cansancio y muchas veces no nos pondremos de acuerdo. Lo importante es la capacidad de resiliencia que tengamos para enfrentar las diversas cuestiones que se nos presenten en el camino. Será una fortaleza adicional la posibilidad de sortear las dificultades y ver una oportunidad en cada desafío para salir fortalecidos. Sepan que lo anterior será más sencillo si la tarea está organizada y cada quien sabe qué tiene que hacer, cuándo, dónde y con qué recursos.

Tengamos muy presente que hoy podemos subir y mañana podemos bajar. Quienes no comprendan lo anterior, son invitados a leer el primer capítulo nuevamente. Esto es así porque las personas cambian y con ello se modifican sus preferencias —las electorales entre ellas—.

Lo importante es lograr que la gente crea en nuestro candidato porque su causa es la causa mayoritaria de los electores y esto vamos a lograrlo teniendo cubiertos todos los flancos de la comunicación estratégica. El territorio, los medios masivos tradicionales, las redes sociales.

Nada librado al azar. Todo ajustado a la demanda de transparencia que la sociedad exige a los políticos. Y, sobre todo, dándole la voz a los ciudadanos.

Bibliografía

LIBROS

BATAILLE, Georges (2007), *La parte maldita*, Buenos Aires, Editorial Las Cuarenta.

BAUDRILLARD, Jean (1984), *Cultura y simulacro*, Barcelona, Editorial Kairós.

BAUDRILLARD, Jean (1987), *La era del vacío. Ensayos sobre el individualismo contemporáneo*, Barcelona, Editorial Anagrama.

BAUDRILLARD, Jean (1991), *La guerra del Golfo no ha tenido lugar*, Barcelona, Editorial Anagrama.

BAUMAN, Zygmunt (2000), *Modernidad líquida*, Buenos Aires, Argentina, Editorial Fondo de Cultura Económica.

BURÍN, David y HERAS, Ana (2001), *Enfoque de sistemas y análisis comunicacional aplicados a los procesos de desarrollo local*, Buenos Aires, Editorial La Crujía.

DARWIN, Carlos (2009), *La expresión de las emociones (En el hombre y en los animales)*, Cap. XIV. España, Editorial Laetoli.

DAWKINS, Richard (1976/2018), *El gen egoísta. Las bases biológicas de nuestra conducta*, s/d, EpubLibre/Editor Digital Titivillus.

DILTS, Robert (2015), *Cómo cambiar creencias con la PNL*, Málaga, España, Editorial Sirio, (sexta edición).

DILTS, Robert (2003), *El poder de la palabra*, Barcelona, Ediciones Urano.

ECHEVERRÍA, Rafael (2018), *Ontología del lenguaje*, Buenos Aires, Granica.

FARA ALEGRE, Carlos (Presidente ALACOP 2012-2014) y DÁVALOS LÓPEZ, Alfredo (Editor) (2014), *Comunicación Política 3D*, Quito Ecuador, Ed. ALACOP.

GUTIERREZ RUBÍ, Antoni (2018), *Tecnopolítica*, España.

HEIDEGGER, Martin (1994), «La pregunta por la técnica», en *Conferencias y Artículos*, Barcelona, Ediciones del Serbal.

IACOBONI, Marco (2009), *Las neuronas espejo: Empatía, neuropolítica, autismo, imitación o de cómo entendemos a los otros*, Madrid, Katz Editores.

IÑIGUEZ RUEDA, Lupicinio y MARTÍNEZ GUZMÁN, Francisco Antar (2010), «El análisis del discurso en las ciencias sociales», en IZQUIERDO, Conrad y PERINAT, Adolfo (Coordinadores), *Investigar en Psicología de la Comunicación*, Barcelona, Amentia Editorial.

LACLAU, Ernesto (2005), *La razón populista*, Buenos Aires, Fondo de Cultura Económica.

LAKOFF, George (2007), *No pienses en un elefante*, Madrid, España, Editorial Complutense.

LAKOFF, George y JOHNSON, Mark (2017), *Metáforas de la vida cotidiana*, Madrid, Ediciones Cátedra.

LIPOVETSKY, Gilles (1986), *La era del vacío. Ensayos sobre el individualismo contemporáneo*, Barcelona, Editorial Anagrama.

LYOTARD, Jean-Francois (1979), *La Condition Posmoderne*, París, Les Éditions de Minuit.

KNAPP, Mark, L. (1982), *La comunicación no verbal*, México, Editorial Paidós.

MARCUS, George E., NEUMAN Russel W. y MACKUEN, Michael (2000), *Affective Intelligence and Political Judgmen*, Chicago, USA, The University of Chicago.

MORELLI, Silvina R. (2017), *Gestión Política y Comunicación. Buenas prácticas en la implementación de proyectos municipales*, Buenos Aires, Ugerman Editor.

MUÑOZ CARRIÓN, Antonio, *Comunicación Corporal —kinésica y proxémica—*, Universidad Complutense de Madrid, disponible en http://webs.ucm.es/info/eurotheo/diccionario/C/comunicacion_corporal.pdf

O´CONNOR, Joseph y SEYMOUR, John (2012), *Introducción a la PNL*, Buenos Aires, Ediciones Urano.

RIVA, Giuseppe (2010), «La Comunicación mediada por el ordenador», en IZQUIERDO, Conrad y PERINAT, Adolfo (Coordinadores), *Investigar en Psicología de la Comunicación*, Barcelona, Amentia Editorial.

RODARI, Gianni (2017), *Gramática de la fantasía. Introducción al arte de inventar historias*, Buenos Aires, Ediciones Colihue / Biblioser.

RUIZ COLLANTES, Xavier (2019), *La construcción del relato político*, Barcelona, Universitat Autónoma de Barcelona Servei de Publicacions.

SERRES, Michel (2012), *Pulgarcita. El mundo ha cambiado tanto que los jóvenes deben reinventar todo: una manera de vivir juntos, instituciones, una manera de ser y de conocer*, Barcelona, Editorial Gedisa.

VERÓN, Eliseo (1987), *La semiosis social*, Barcelona, Editorial Gedisa.

VOLOSHINOV, Valentín (1976), *El signo ideológico y la filosofía del lenguaje*, Buenos Aires, Ediciones Nueva Visión .

WATZLAWICK, P, BEAVIN BAVELAS, J, y JACKSON, D.D. (1997), *Teoría de la comunicación humana: interacciones, patologías y paradojas*, Barcelona, Editorial Herder.

WINKIN, Yves (1994), *La nueva comunicación*, Barcelona, Editorial Kairós.

ZUAZO, Natalia (2015), *Guerras de internet, un viaje al centro de la red para entender cómo afecta tu vida*, Buenos Aires, Editorial Debate.

PUBLICACIONES ACADÉMICAS DIGITALES

BLANCO RODRÍGUEZ, María José, «El chat: la conversación escrita», en *Estudios de lingüística*, N.° 16, 2002, PASTOR CESTEROS, Susana y SALAZAR GARCÍA, Ventura (eds). Universidad de Alicante, Departamento de filología española, lingüística general y teoría de la literatura. Ed. Electrónica Espagrafic. Disponible en https://rua.ua.es/dspace/bitstream/10045/6201/1/EL_16_02.pdf

CASTRO, Luis Adrián (2013), *David Hume y las neuronas espejo: una actualización de la teoría del sentimiento de empatía*, Universidad Nacional de La Plata. Disponible en http://sedici.unlp.edu.ar/handle/10915/35794

EIRIZ, Claudio Gabriel, «Universidad y antropología de los saberes. Mapa y Territorio», en *Reflexión académica en diseño y comunicación* (Universidad de Palermo), pp. 57-60, Año XI, Vol. 13, Febrero 2010, Buenos Aires, Argentina. Disponible en https://fido.palermo.edu/servicios_dyc/publicacionesdc/vista/detalle_articulo.php?id_libro=127&id_articulo=180

GEERTZ, Clifford, Géneros confusos. La prefiguración del pensamiento social, Vol. 49, N.° 2, 1980 (pp. 165-179). Disponible en http://www.infoamerica.org/documentos_pdf/geertz01.pdf

HAIDAR, Julieta (2018), «Las falacias de la posverdad: desde la complejidad y la transdisciplinariedad», *Oxímora*, Revista Internacional de Ética y Política, N.° 13, julio/diciembre 2018, pp. 1-16., Universidad de Barcelona.

KERZ, Mercedes María (2010), El discurso político presidencial de Néstor Kirchner. (2003-2007), V Congreso Latinoamericano de Ciencia Política. Asociación Latinoamericana de Ciencia Política, Buenos Aires.

LATINOBARÓMETRO, Informe 2018. Disponible en file:///C:/Users/Usuario/Downloads/INFORME_2018_LATINOBAROMETRO.pdf

LINK, Daniel (2018), «La lectura, una vida », en *El taco en la brea*, Año 5, N.° 7 (Mayo 2018). Disponible en file:///C:/Users/Usuario/Downloads/7364-Texto%20del%20art%C3%ADculo-21507-1-10-20180606.pdf

MENESES, Alejandra (2002), «La conversación como interacción Social», en *Onomázein*, N.° 7, pp. 435-447, Pontificia Universidad Católica de Chile, Santiago, Chile. Disponible en http://www.redalyc.org/pdf/1345/134518098021.pdf

MUÑOZ CARRIÓN, Antonio, *Comunicación Corporal —kinésica y proxémica—*, Universidad Complutense de Madrid, disponible en http://webs.ucm.es/info/eurotheo/diccionario/C/comunicacion_corporal.pdf

PEIRANO DE BARBIERI, ALICIA, «La convivencia de diferentes generaciones, Una ecuación difícil de resolver», disponible en https://ucema.edu.ar/rrhh2008/download/barbieri.pdf

RAMOS CHÁVEZ, Alejandro (2018), «Información líquida en la era de la posverdad», en *Revista General de Información y Documentación*, 28 (1), pp. 283-298, Universidad Complutense de Madrid.

TADDEI, Elizabeth, «El Coaching; su aporte a la comunicación», en *Reflexión Académica en Diseño y Comunicación* (Universidad de Palermo), Año VIII, Vol. 8, pp. 314-316, Febrero 2007, Buenos Aires, Argentina.

TAQUION (2018): Jóvenes y Redes Sociales, disponible en http://www.taquion.com.ar/wp-content/uploads/2018/12/JOVENES-Y-REDES-SOCIALES-Prensa-Final.pdf, recuperado el 22 de marzo de 2019.

ZIZEK, Slavoj (2012), *Estrategias del liberalismo para ocultar su carga ideológica*, disponible en https://tifoideo.wordpress.com/2012/03/21/zizek-lo-pospolitico/

ARTÍCULOS DE PUBLICACIONES PERIÓDICAS

BARREIRO, Florencia (2019), «Cómo nos informamos hoy los argentinos», diario digital *El Economista*. Disponible en https://www.eleconomista.com.ar/2018-06-nos-informamos-hoy-los-argentinos/

BOTO, Ana. «Las neuronas espejo te ponen en el lugar del otro», Entrevista a Giacomo Rizzolatti, Madrid, España, diario *El País*, disponible en https://elpais.com/diario/2005/10/19/futuro/1129672806_850215.html

«Casi el 80% de los argentinos utiliza Whatsapp» (2019), diario *Ámbito Financiero*, disponible en https://www.ambito.com/casi-el-80-los-argentinos-utilizan-whatsapp-n5023954

Centro Cultural Digital (2017), «Emoticones, Unicode y Emojis», Centro de Cultura Digital Editorial, disponible en http://editorial.centroculturadigital.mx/articulo/emoticones-unicode-y-emojis

CUVARDIC GARCÍA, Dorde (2004), «La metáfora en el discurso político», en *Revista Reflexiones 83*, disponible en file:///C:/Users/Usuario/Downloads/Dialnet-LaMetaforaEnEl DiscursoPolitico-4796440.pdf, recuperado el 7/9/2019.

DIEZ, Pablo Martín (2017), «Gamificación en campaña electoral», disponible en https://compolitica.com/gamificacion-en-campana-electoral/, recuperado el 22/8/2019.

«El Whatsapp genera que miremos el celular 150 veces al día» (2013), Universia Colombia, disponible en https://noticias.universia.net.co/tiempo-libre/noticia/2013/12/17/1070283/whatsapp-genera-miremos-celular-150-veces-dia.html

«*Emoji*: ¿el nuevo idioma global?» (2017) en *Open Mind*, disponible en https://www.bbvaopenmind.com/tecnologia/mundo-digital/emoji-el-nuevo-idioma-global/

ESKIVEL, Daniel (2018), «Psicología y comunicación política» (pp. 5-12), disponible en https://compolitica.com/wp-content/uploads/2018/10/N31_Eta.2_La_revista_de_ACOP_Octubre2018F.pdf, recuperado el 7/9/2019.

Latinoamérica Piensa, artículo de redacción del 27 de agosto de 2018, disponible en https://latinoamericapiensa.com/la-encrucijada-de-los-gobiernos-progresistas-segun-marco-enriquez-ominami/12965/, recuperado el 17 de agosto de 2019.

MASTRETTA, Verónica (2016), «Nixon vs Kennedy, el primer debate televisado de la historia», disponible en https://www.milenio.com/opinion/veronica-mastretta/vida-milagros/nixon-vs-kennedy-debate-televisado-historia , recuperado el 13/08/2019.

MORELLI, Silvina (2018), «En-red-ados en las ciberculturas», diario digital *168 Horas*, Cultura, disponible en https://www.168horas.com.ar/amplia_noti.php?id_noti=3434

MORELLI, Silvina (2017), «Soy Facebook visto, luego existo», diario digital *168 Horas*, Comunicación y Cultura. Disponible en https://www.168horas.com.ar/amplia_noti.php?id_noti=2626

OITTANA, Leonardo, «Velocidad y comunicación. La revolución de las transmisiones según Paul Virilio», en *La Trama de la Comunicación*, Vol. 19, enero a diciembre de 2015, p. 177-194.

RIORDA, Mario, «Redes sociales para gobernar», en revista *Nueva Sociedad* N.º 269, mayo-junio de 2017, disponible en www.nuso.org

ROSALES, Rosales (2018), «El Coaching Ontológico ante la Posverdad», en publicación digital *La Red Coaching*, disponible en http://laredcoaching.com/daniel-rosales-el-coaching-ontologico-ante-la-posverdad/

SANZ, Juan Pablo y JIMÉNEZ, Francisco (2017), «Trump y el Brexit llevaron a la posverdad al estrellato, pero no la crearon», disponible en https://www.lavanguardia.com/que-estudiar/20170216/4269722375/trump-brexit-posverdad-estrellato.html

TAGLIABÚE, Leonardo «Otra vez fracasaron la mayoría de las encuestas: estuvieron muy lejos del resultado», disponible en https://www.infobae.com/politica/2019/08/12/otra-vez-la-mayoria-de-las-encuestas-estuvieron-lejos-de-los-resultados-oficiales/, recuperado el 12/08/2019.

VILLANUEVA, Darío (2017), Conferencia en el Centro de Estudios Políticos, Real Academia Española, disponible en https://www.rae.es/noticias/dario-villanueva-el-termino-posverdad-entrara-este-ano-en-el-diccionario

SITIOS EN INTERNET

Elecciones 2019 / Argentina.gob.ar:https://www.argentina.gob.ar/interior/dine/elecciones2019 (12/08/2019)

Sitio oficial Ni Una Menos: http://niunamenos.org.ar/

Diario Digital Chequeado: Disponible en https://chequeado.com/

Observatorio de Internet de la Argentina. Disponible en https://inter.net.ar/

Latinobarómetro, Opinión Pública Latinoamericana. Disponible en http://www.latinobarometro.org/lat.jsp

IPSOS. Disponible en https://www.ipsos.com/es-es